ATLAS

DE

TOUTES LES PARTIES CONNUES

DU GLOBE TERRESTRE,

DRESSÉ

POUR L'HISTOIRE PHILOSOPHIQUE ET POLITIQUE DES ÉTABLISSEMENS
ET DU COMMERCE DES EUROPÉENS DANS LES DEUX INDES.

LISTE DES CARTES CONTENUES DANS CET ATLAS.

ANALYSE SUCCINCTE

DE

CET ATLAS.

Pour rendre le compte le plus sommaire que l'on pourra de la construction de cet Atlas, on suivra à peu près l'ordre dans lequel on a dressé chaque carte, en disant un mot de chacune. Mais, avant, il convient d'exposer les motifs qui ont engagé à placer sur ces cartes des lieux qui paraissent étrangers à *l'Histoire philosophique et politique des établissemens et du commerce des Européens dans les deux Indes,* pour lequel elles sont faites expressément.

On n'a jamais multiplié ces lieux sans nécessité ; et, pour faciliter la recherche de ceux qui sont cités dans cette histoire, on les a marqués d'un astérisque *. D'ailleurs il y a des pays que l'abbé Raynal rend si intéressans, qu'on ne doit s'attendre ici qu'à une discussion purement géographique, sans entrer dans d'autres détails. On aurait eu trop à perdre en les comparant à ceux que donne l'auteur. En outre, il ne serait guère possible de placer dans ces pays d'autres villes ou autres positions que celles dont il parle, sans augmenter le nombre des cartes. Dans ces cas, ce serait se défier de l'attention du lecteur que de penser qu'il lui serait plus facile de trouver un lieu qui l'intéresse actuellement, parmi nombre d'autres dont il n'a pas encore besoin, que de découvrir une position dans d'autres circonstances, parmi un moindre nombre de lieux qu'il n'aura que rarement intérêt de connaître.

De plus, l'homme studieux sera quelquefois tenté, après une lecture intéressante, de promener ses regards à l'entour du pays dont il vient de voir la description, l'histoire, le commerce, etc. : ses yeux ne s'y arrêteraient pas sans peine, si, au lieu de riches peuplades, il n'y trouvait que des déserts arides. Qu'il lui soit donc permis de fixer quelquefois sa vue sur quelques sites heureux. Si c'est sortir du sujet, c'est une espèce de digression qui tend à l'instruction et à l'agrément du lecteur.

En méditant cette histoire, soit en homme d'état, en philosophe ou en commerçant, on voudra savoir les liaisons possibles d'un pays qu'on vient de connaître avec les contrées voisines ; et comme un ouvrage philosophique offre un fonds inépuisable de réflexions, on présente à chacun le faible secours de quelques détails géographiques, avec une honnête abondance sans superflu, mais qui a paru préférable à l'étroit nécessaire.

Ces cartes sont assujetties à une projection uniforme et géographique : les degrés des parallèles gardent, avec ceux du méridien, le même rapport que sur la terre, et ces cercles se coupent perpendiculairement ; du moins autant que le passage d'une surface convexe à une surface plane a pu le permettre.

L'*Italie* est fondée sur nombre d'observations astronomiques, et sur un plus grand nombre encore de combinaisons géographiques très-étendues. On n'a point employé les observations célestes sans les avoir auparavant soumises au plus sévère examen. Sans cette attention, on s'exposerait à dresser les parties d'une même carte sur une échelle différente : la majeure partie de ces observations s'est trouvée d'une très-grande justesse. Il serait inutile de nommer les sources où l'on a puisé le peu de détail que le format de ces cartes a permis d'exprimer ; en effet, à quoi servirait-il de dire qu'on a employé pour la Sicile la carte du comte Schmettau, en quatre feuilles ; qu'on a consulté pour l'état de l'Église la carte des PP. Maire et Boscowich, en trois feuilles ; pour l'état de Gênes la grande carte de Chafrion, etc. On reconnaît à peine ces originaux dans une si grande réduction.

La *Turquie* d'Europe et celle d'Asie sont appuyées principalement sur vingt-deux points où l'on a fait des observations astronomiques ; ils sont répandus dans l'étendue de ce vaste empire, ou du moins dans le champ de la carte. Il y a quelques-unes de ces observations qui ont obligé de s'écarter de la route généralement suivie : telles sont, par exemple, celles de Trébisonde et d'Erzerum. Les PP. de Bèze, Dius et de Souatre ont donné la position de la première de ces villes. Le P. de Bèze, qui a trouvé le moins de longitude, savoir 42ᵈ 58′, a paru mériter la préférence. La connaissance actuelle des temps met Erzerum par 46ᵈ 16′. La discussion du local a contraint d'y consommer 1ᵈ 40′ de moins. Il aurait fallu ôter de cette longitude environ 7ᵈ 15′, si on eût voulu suivre à cet égard les géographes d'Europe ; mais poser Trébisonde par 42ᵈ 58′, c'est placer cette ville en général 5ᵈ 30′ plus à l'orient qu'ils ne la posent, et il ne paraît pas que ce soit trop porter ce lieu vers l'est. Qu'on ouvre le voyage de Chardin, on y verra que ce judicieux voyageur, tout le long de sa route de Tauris à Ispahan, place ces villes nord et sud : or, les géographes d'Europe mettent Tauris environ 5ᵈ 30′ plus vers l'ouest qu'Ispahan. Cette capitale de la Perse, suivant de bonnes observations, est par 50ᵈ 12′ de longitude, et par 32ᵈ 40′ de latitude. D'ailleurs les géographes orientaux, le canon, le géographe turc, etc., placent Tauris plus à l'est qu'Ispahan, au moins de 1ᵈ 10′.

Allant plus loin, le P. Gaubil, suivant un voyage fait par des mandarins chinois, trouve les sources du Sirr par 77^d $36'$ pour le moins ; nos géographes les font sortir du sein de la terre au moins 5^d $30'$ plus à l'ouest. Je pourrais citer plusieurs autres autorités aussi fortes pour soutenir la position de Trébisonde du P. de Bèze, si elle en avait besoin ; mais celles qui précèdent suffisent, d'autant plus que le témoignage des géographes orientaux et des voyageurs sont ici du plus grand poids, leur sentiment surtout étant étayé par des observations astronomiques.

L'observation décisive faite à Gurjet, sur le bord septentrional de la mer Caspienne, montre que le nord de cette mer était à peu près bien placé sur les cartes. Il faut donc que la mer Caspienne ait été mal orientée sur la carte levée par l'ordre de Pierre-le-Grand : ou il faut que Chardin et tous les géographes orientaux se soient trompés de quatre ou cinq airs de vent, dans le gisement de Tauris et d'Ispahan ; que les observations des PP. de Bèze et Dius ne soient d'aucun poids, et que le P. Gaubil se soit trompé sur la position des sources du Sirr, de près de 6^d ; qu'il n'ait estimé entre Hami, où l'on a fait des observations précises, confirmées par des triangles venant de la Chine, qu'il n'ait estimé, dis-je, entre cette ville et cette source, que 14^d en longitude, tandis qu'il y en aurait eu réellement 20. La réputation du judicieux Chardin, l'exactitude de l'observateur de Bèze, les lumières des géographes de ces contrées, l'habileté connue de l'astronome Gaubil, ne permettent pas de le penser. On serait satisfait d'être toujours d'accord avec les Delisle, les Hasius, les d'Anville, etc., de suivre les traces de ces géographes célèbres ; mais on est forcé ici de s'écarter de leurs avis, et de sacrifier son respect pour leur opinion à la persuasion de la vérité.

L'emplacement de Constantinople a augmenté de $14'$ en longitude, et celle de Smyrne de $12'$, par des moyens indépendans de la position de Trébisonde. Ils sont fondés sur des distances assez multipliées pour être exactes, et partant des divers points déterminés dans l'archipel ; mais le détail en est trop long pour qu'il puisse trouver place ici.

En référant même Constantinople et Smyrne à Trébisonde et à tous les points déterminés dans l'archipel, on trouverait l'augmentation précédente de $86'$, 4 pour Constantinople, et de $54'$, 3 pour Smyrne ; on a préféré la moindre, parce qu'elle favorise davantage les observations de Chazelles et celles du P. Feuillée. D'ailleurs elle est déduite du nombre de distances prises dans une région mieux connue, et qui sont à peu près cinq fois plus courtes que celles de Constantinople et de Smyrne à Trébisonde. Les autres changemens à cet égard ne sont pas assez considérables pour en faire mention. On ajoutera seulement qu'aux points donnés par des observations celestes, on en a déterminé trente autres avantageusement placés par des combinaisons géographiques fort étendues.

L'*Espagne* se fonde sur douze points déterminés astronomiquement, ou par les horloges marines dirigées par Fleurieu, Verdun, Borda et Pingré ; sans y comprendre les frontières de France, appuyées sur des triangles exacts, ni les points qu'a donnés une chaîne de distance maritime, de Collioure à Gibraltar, qui m'a été communiquée il y a environ vingt ans.

Les *îles Canaries* et celle de *Madère* sont appuyées, les premières sur des observations du P. Feuillée, vérifiées par les horloges marines conduites par les hommes habiles dont on a parlé; et la seconde, sur les observations de Borri, confirmées par les mêmes horloges marines.

Le détail qu'on a de la Guinée, selon les meilleures cartes et par les voyageurs les mieux instruits, a été assujetti à la longitude de l'île de Gorée, donnée par Fleurieu et Pingré, et constatée depuis par Verdun, Borda et Pingré. Cette île était portée trop à l'est d'environ 20 minutes, suivant les observations de Varin, du Glos et Deshayes. L'astronomie n'a pas encore éclairé de son flambeau cette vaste étendue de côte; c'est pourquoi, pour enchaîner entre eux les divers objets compris dans ce grand espace. on a été obligé de partir de l'île de Gorée, et de fixer, par des distances multipliées, les principaux caps et le fond des golfes les plus remarquables ; on a même étendu ce moyen jusqu'au cap de Bonne-Espérance, dont la longitude est bien sûre, afin de pouvoir corriger les positions comprises entre les deux lieux déterminés, s'il était nécessaire. Parmi ces points est situé le cap Négro, qu'on a de plus rapporté à l'île Sainte-Hélène, dont la longitude, suivant Halley, Mason et Dixon, est exactement de 8ᵈ 12′ occidentale de Paris. Quelques routes entre cette île et ce cap ont donné, à fort peu près, au cap Négro, la même longitude qu'auparavant.

Pour décrire la côte orientale d'Afrique, depuis le cap de Bonne-Espérance jusqu'à Melinde, avec le canal de Mosambique, on s'est appuyé, avec une entière confiance, sur la longitude de ce dernier cap, extraite des observations nombreuses de La Caille, Mason et Dixon. Quant à l'île de Madagascar, on a trouvé, d'après cinq des meilleures cartes de cette île, que de Terra del Gada à Foule-pointe, il y avait au plus 4ᵈ 24′ 5″ ; et que de Terra del Gada à Antongill, il y avait aussi au plus 4ᵈ 51′, 5. Ensuite on a arrêté la position de l'île entière par rapport au ciel, selon l'observation d'une éclipse de lune, de d'Après, faite à la baie d'Antongill ; et, selon les observations de le Gentil et d'Agelet, à Foule-pointe et à la baie d'Antongill ; et celle d'une éclipse de lune, de Héatcot, à Terra del Gada ; on a vu que cette dernière observation donnait la longitude trop faible d'environ un demi-degré. On a fixé ensuite la position du cap des courans et celle de Mosambique, par leurs distances discutées, aux points les plus proches de Madagascar.

L'Inde en-deçà du Gange s'appuie sur les longitudes de Surate et de Goa, la première déduite du passage de Mercure sur le soleil par Shakerlæus, le 3 novembre 1651, constatée par quelques observations plus modernes dues aux jésuites, ainsi que la seconde; elle est extraite des observations du P. Noël, et de quelques autres missionnaires. D'après ces dernières, Lieutaud et Desplaces en ont conclu 71ᵈ 25′. La Hire en a tiré 71ᵈ 3o′, et Huris en a déduit 71ᵈ 35′. En comparant ces observations à la distance et au gisement de ces villes, on s'est cru obligé de prendre pour Goa 71ᵈ 3ı′. Ensuite on a arrêté la longitude de Pondichéry, suivant dix bonnes observations; elles ont donné 77ᵈ 36′, 8. Comme Trinquemallay est ıᵈ 22′, ı, plus ouest que Pondichéry, cela a fixé l'emplacement de l'île de Ceylan. Près des bouches du Gange on a la longitude de Calcutta de 86ᵈ ı4′ par une seule émersion du premier satellite de Jupiter, et sa latitude de 22ᵈ 34′, 7; celle de Chandernagor, par les observations nombreuses du P. Boudier; celle d'Islamohad, sur la rivière de Chatigan, par le passage de Vénus de 1761; et celle de Dinapoor, par le passage de Vénus en 1769. Ces deux derniers points ne se trouvent pas dans ces cartes-ci; mais ils ont servi à préparer les matériaux employés dans leur construction. Delhi est appuyée sur l'observation d'une éclipse de soleil par le même P. Boudier; et plusieurs autres lieux sur la route en allant de Chandernagor à Delhi ont été fixés par lui-même, suivant la longueur et la direction du chemin, étayées par les observations de latitude de Patna, de Benarès, d'Ellabad et d'Agra. En un mot, on a employé dans les deux cartes de cette presqu'île douze points où il y a des observations de longitude et de latitude. Quelques-unes des longitudes dont on doutait ont été constatées par des distances, comme cela doit toujours être, avant que d'en faire usage.

On a encore déterminé à l'occident de l'Indostan les positions de Gazna, de Caboul, de Candahar, de Multan, de Diul-Sindi, de Mansora, etc., suivant les géographes orientaux, telles que sont les Etvals, le Canon, le géographe turc Ibnisayd, Abulfeda, etc., combinés avec les meilleures cartes modernes et avec les voyageurs; en les référant aux lieux voisins déterminés par l'observation des astres. Le surplus a été fixé avec soin par des moyens purement géographiques. On a été obligé de mettre en supplément et à plus grand point les bouches du Gange qui, dans la carte, n'étaient pas suffisamment détaillées pour répondre à la multitude de recherches que renferme l'*Histoire philosophique*.

Pour décrire l'Arabie, la mer Rouge et le golfe Persique, on est parti de Moka, dont la latitude a paru, d'après dix témoignages différens, être de ı3ᵈ 28′; et la longitude de 41ᵈ 41′, 2, au moins, selon le résultat de combinaisons étendues : par une suite de ce travail, Gedda, ville célèbre, port de la Mecque où des Arabes placent le premier méridien, est par 37ᵈ ı′, 5, de longitude, et par 2ıᵈ 35′, 6, de latitude. Suez, par ses distances au Caire et à Alexandrie, dont les positions sont sûres, a 5oᵈ ı9′ de longitude, et 29ᵈ 4o′ de latitude; c'est ainsi qu'on a fixé le gisement de la mer Rouge. L'Égypte, la Nubie et l'Abyssinie, sont l'extrait d'un long travail antérieur, dans lequel ont été déterminées avec soin les principales positions de ces états. On n'y a ajouté ici que les largeurs de la mer Rouge prises en divers endroits; par exemple, sa plus grande largeur au-dessus et près de Gedda, s'est trouvée de ı37ᵐ ou minutes de l'équateur. Ensuite de Moka, on a conclu la longitude du cap Guardafui, suivant des routes de navigation; et la côte au sud du golfe Arabique a été rectifiée par des distances liées et par quelques observations de latitude : puis, pour fixer le cap Raz-al-gate, on s'est étendu depuis Moka jusqu'à Surate, afin de placer ce cap d'une manière semblable à celle qu'il occupe en général sur les cartes géographiques et marines les plus estimées. Du cap précédent, revenant vers l'ouest, on a fixé le cap Moçandon et Bassora, en s'appuyant d'un bout sur le cap Raz-al-gate, et de l'autre sur le Caire, afin de situer les deux extrémités du golfe Persique, semblablement à ce qu'ils sont en général sur les meilleures cartes. On a vérifié la position de Bassora, en posant cette ville comme ci-devant, et à l'aide des géographes orientaux, relativement à Ispahan et à Gedda ; puis on a pris le milieu entre les deux positions résultantes et très-voisines de Bassora.

Pour figurer les îles de la Sonde et des Moluques, on a la longitude de Batavia, par le passage de Vénus de 1769, par d'autres observations et par des routes ; celle de Malacca est au plus de 100^d. Pulo-Condor est 5 à 8' plus orientale que Batavia, selon cinq indications différentes ; et en sortant du champ de la carte, on a Manille par 118^d 31', suivant les observations de le Gentil. Cette dernière position avec celle de Pulo-Condor a servi à placer convenablement l'île Bornéo et les Philippines. Tout ce qui est à l'orient de Batavia et de Manille est fondé sur les routes des navigateurs, et sur les cartes des Hollandais qui fréquentent presque seuls ces parages. On a cependant emprunté du voyage anglais du capitaine Forest la position de l'île Manaswary, située à la côte du nord de la Nouvelle-Guinée, et la position de Bunwot près de Mindanao. Du reste, la position d'Achem dépend de ses distances à Malacca, à Batavia, à Pondichéry et à Trinquemallay.

La *Chine*, la Tartarie chinoise, la Corée et le Japon ont pour type principalement l'atlas chinois du P. Duhalde, auquel on s'est seulement permis de changer la longitude de quelques lieux, tels que sont Canton, Macao, Pékin, Tayovan dans l'île Formose, l'île Tsummin, etc. ; ces changemens sont trop peu considérables pour mériter quelque attention. Le Japon vient en grande partie de Kempfer, appuyé sur la longitude de Nangusaki, de 124^d 20', du P. Spinola ; et sur celle d'Osaca, rapportée par Harris. La Tartarie chinoise est assujettie aux observations faites sur les frontières de la Chine, à la longitude de Selinginsk, par M. Rumouski ; à celle d'Hami, par les PP. jésuites, et à quelques autres.

La *Hollande* a pour fondemens les longitudes et les latitudes d'Alcmaer, d'Amsterdam, d'Anvers, de Berg-op-Zoom, de Leyde, de Malines, de Middelbourg, de Nieuport, d'Ostende, etc., et des latitudes exactes de Breda, de Bruges, de Delft, d'Enchuisen, de Goes, de Harlem, de la Haye, de Mastreik, de Roterdam, etc. Pour avoir l'emplacement de la plupart de ces lieux on a fait usage des mesures de Snellius, revues par Muschenbroek et par Cassini de Thuri. Ces points ont arrêté le détail qu'on a puisé dans les meilleures sources,

Les *îles britanniques* s'appuient sur les observations anciennes et modernes qui ont été faites à Londres, à Greenwich, à Oxford, à Édimbourg, à Leeds, à Shirbun, à Leicester, au cap Lézard, à Glascow, à Liverpool, à Estdercham, à Portsmouth, à Cavan en Irlande; et Douvres est déterminé par les triangles fondamentaux de la carte de France de l'académie. Quant au détail, il vient des meilleures cartes anglaises.

La *Perse*, la *Géorgie* et la *Tartarie indépendante*, participent vers le nord-ouest au changement de 5^d 3o' dont on a parlé. On s'est appuyé sur 3o à 4o points dans le champ entier de la carte, déterminés ou par des observations astronomiques, ou par des combinaisons géographiques, dans lesquelles sont entrés pour beaucoup les géographes orientaux, ou bien ces points sont extraits de quelques voyages. Les positions depuis Giti jusqu'à Hami, par exemple, viennent du P. Gaubil, et sont tirées des observations mathématiques, astronomiques, géographiques, etc., par le P. Souciet. Le peu de connaissances nouvelles qu'on a de la Tartarie indépendante sont dues aux missionnaires de la Chine.

La *France* a pour base les triangles de l'académie; on l'a divisée par généralités, plus analogue à *l'Histoire philosophique et politique* que toute autre division.

Les *îles de France*, de *Bourbon* et de *Rodrigue*, sont représentées en particulier au haut de la feuille qui les contient. Afin qu'on puisse juger facilement de leur position relative entre elles et par rapport au ciel, on a tracé au-dessous, sur la même planche, une carte générale de ces îles, avec leur longitude et leur latitude. L'abbé de La Caille a déterminé les points principaux de l'Ile-de-France; il a déterminé Saint-Denis en l'île de Bourbon, et il paraît que l'on doit à Pingré le plan de l'île Rodrigue, où il observa le passage de Vénus en 1761.

Le *nord de l'Europe* s'appuie sur les longitudes et latitudes observées de trente-six lieux différens, et sur les latitudes exactes seulement de quelques autres. On a fait la longitude de Copenhague de 10^d 14', o, d'après des observations nombreuses qui ne paraissent laisser aucun doute. La longitude de Hambourg paraît devoir être exactement de 7^d 35', 2, égale, à $\frac{1}{4}$ de minute près, à celle que donne le commencement de l'éclipse de soleil de 1764, calculée par du Séjour, suivant sa méthode ingénieuse. La longitude de Dantzick est de 16^d 18', 5, selon le résultat de toutes les observations de ce genre qu'on a pu connaître, faites en cette ville par Hévélius. La longitude de Gothenbourg a paru devoir aussi souffrir un léger changement. En outre, lorsque les points précédens ont laissé de trop grands espaces, dépourvus d'observations pour y suppléer, on a, par des moyens géographiques, arrêté quelques points choisis, en s'assujettissant aux points observés; et même on s'est étendu sur les lieux déterminés dans les régions voisines extérieures à cette carte, pour arrêter plus sûrement l'étendue des contrées qui y entraient.

L'*Allemagne* et la *Hongrie* ont pour base la belle suite de triangles de M. Cassini de Thuri, depuis Paris jusqu'à Presbourg, en l'assujettissant à la longitude et à la latitude de Vienne, données par le P. Hell. La perpendiculaire à la méridienne de l'observatoire prend, par cet assujettissement, une faible inclinaison vers le sud, sur le premier vertical de Paris. Cela vient sans doute de ce que la terre, étant aplatie vers les poles, cette perpendiculaire est une courbe à double courbure; cela peut venir aussi de l'attraction différente des terrains sur lesquels on a observé, et encore des erreurs presque inévitables dans les longues suites d'opérations. Cette carte s'appuie en outre sur les triangles mesurés par le comte Schmettau, et par les frères Rhode, géographes habiles de l'académie de Berlin, depuis la Hesse jusqu'en Silésie. En comparant ces résultats géodésiques aux lieux déterminés par des observations astronomiques suffisamment répétées, on n'y a trouvé en général que 36″ de degré de différence, tant en plus qu'en moins, ce qui prouve l'exactitude de ces résultats. La partie de l'Allemagne qui confine à la France est fondée sur les triangles de l'académie, et l'on a vu sur quelle base la Hollande est appuyée. La côte de la mer Baltique qui baigne l'Allemagne y a les mêmes fondemens que sur le nord de l'Europe. Le reste de cette carte a pour base les observations faites à Genève, Zurich, Prague, Nuremberg, Breslau, Zeitz, Jéna, Lindau, Erfurt, Gratz, Shwezingen, Wurtzbourg, Cremsmunster, Sagan, etc. Il y a encore en Hongrie, Bude, Warasdin, etc. ; et, dans l'étendue de la carte, Bucharest en Walakie, Jassi en Moldavie, Warsovie, Wilna et Kaminiec en Pologne, sur lesquels on s'est appuyé avec avantage.

L'*Europe* est l'abrégé des cartes particulières des divers états qui composent cette partie intéressante du monde.

Les *îles Philippines*, le *Tunquin*, la *Cochinchine*, etc., s'appuient au nord de la côte méridionale de la Chine et sur Siam. J'ai rassemblé les observations faites en cette ville, et les conclusions qu'en ont tirées divers astronomes; et je n'ai trouvé, pour la longitude de Siam, que 98^d 15′, 4, c'est 22 ou 23′ de moins qu'on ne lui donne communément. A cette longitude succède celle de Mergui, de 95^d 35′, 7, fondée 1° sur une seule immersion du premier satellite de Jupiter par d'Après, laquelle donne environ 24′ de trop; 2° sur cinq routes de Pondichéry aux îles Cabosses; 3° sur des combinaisons tendantes à placer Mergui entre Siam et Pondichéry, semblablement aux cartes les plus estimées; 4° sur une éclipse de lune observée à Louvo et à Mergui par les jésuites. Le nord-est de la carte n'est appuyé que sur des combinaisons géographiques portant des points fixés aux bouches du Gange d'un côté, et de l'autre s'appuyant sur Mergui, Siam et Canton. L'île de Bunwot vient de la carte du capitaine Forest, comme on l'a déjà dit. Les îles Mariannes, qu'on a mises ici en supplément, sont tirées de la carte qui accompagne l'histoire de ces îles en 1700, par un jesuite espagnol. La différence en longitude de Manille à Guam, est de 21^d 15′ à 20′, suivant la distance qu'y trouvent les galions de Manille.

L'*empire de Russie* a pour base les observations de longitude et de latitude d'environ 34 points différens, répandus dans les commentaires de l'académie de Pétersbourg. Ceux sur lesquels on pouvait élever quelques doutes, soit par le petit nombre d'observations ou à cause de leur discordance, ont été constatés, vérifiés ou corrigés par les distances prises sur les cartes de Strahlemberg, Kirillow, et sur l'atlas russe. Très-peu ont eu besoin de réforme sensible. On s'est appuyé comme à l'ordinaire, quand cela a paru avantageux, sur les points fixes des états voisins, afin de représenter plus exactement les confins de la carte où l'on manquait d'observations.

La carte d'*Asie* est la réduction fidèle de cartes particulières qui en contiennent le détail.

Le *golfe du Mexique* est appuyé sur plus de quarante points donnés par des observations astronomiques ou par des horloges marines : on remarquera sur ces observations, qu'ayant rapporté au Fort-Royal de la Martinique toutes les observations du P. Feuillée, celles de Duglos, Varin et Deshayes, y ayant joint de plus les observations des horloges marines, par de Fleurieu, de Verdun, de Borda et Pingré, les observations de la lune de Verdun, Borda et Pingré, et le résultat d'une occultation du sagittaire du P. Feuillée, calculé par Méchain, on est parvenu à réunir quarante observations sur ce point, d'où l'on a été obligé de conclure la longitude du Fort-Royal de 63^d 27', 3, telle que le chevalier de Fleurieu l'avait déduite en 1769 des observations du P. Feuillée, confirmées par les horloges marines. En outre, dans le passage de Vénus de 1769, et dans les observations de la hauteur de la lune, comparées à celles qui furent faites alors à Paris et à Oxford, ayant trouvé quatorze fois la longitude du Cap-Français, on a conclu sûrement 74^d 37', 2. En effet, la différence en longitude entre le Fort-Royal et le Cap-Français est certainement de 11^d 9', 9, selon le rapport combiné des horloges marines, par Fleurieu et Pingré, en 1769; et selon Verdun, Borda et Pingré, en 1772; or, la longitude du Fort-Royal, fondée sur quarante observations, et celle du Cap-Français, appuyée sur quatorze résultats. admettent précisément la même différence : cela paraît rendre invariable la position absolue de ces deux points.

La Vera-Cruz se trouve ici par 99^d 57', 6, selon sept observations anciennes et modernes, tant célestes qu'avec les horloges marines, et s'accordant très-peu entre elles ; c'est pourquoi on y a joint sept autres conclusions provenant de moyens géographiques, concourant à placer cette ville entre les points fixés autour d'elle d'une manière semblable à celle que ce lieu tend à occuper sur cinq des meilleures cartes : cela a donné la longitude précédente plus sûrement que par les observations seules, et peut-être même très-exactement.

Par des moyens qui ne permettent guère le doute, il y a en longitude entre la Havane et la Nouvelle-Orléans 8^d 9', 6, ce qui a donné lieu de rapporter les observations de l'une de ces villes à l'autre, et l'on a trouvé la Nouvelle-Orléans par 92ᵈ 23', 6, et la Havane par 84ᵈ 14', o, chacune d'après 11 données.

Aux quarante points annoncés ci-devant on en a joint d'autres, appuyés sur des combinaisons étendues : de ce nombre sont, en Floride, Saint-Augustin, le cap Canaveral, la pointe de Floride, celle de Janche, la pointe des Asies, celle de Santa-Lucia, et la pointe de Menesès près de Saint-Marc. Entre Saint-Augustin et la Nouvelle-Orléans, on a aussi déterminé la pointe de Menesès, la pointe aux Chevreuils, dans la baie de Saint-Joseph, où l'on a une observation de latitude ; le cap de l'est formé par la baie de Sainte-Rose, Pensacola, l'entrée de la Mobile, l'île Dauphine, et les ruines du Fort de la Balise aux bouches du Mississipi. On avait de plus, pour se guider dans ce trajet, les observations de Baron à l'entrée de la Mobile et à la Nouvelle-Orléans, l'éclipse de lune observée par Serez à l'île Dauphine ; lesquelles, avec des distances, se sont corrigées réciproquement. On a encore fixé, par des moyens géographiques, divers points des îles Lucayes sur la direction du Cap-Français à Saint-Augustin. On a aussi arrêté, de proche en proche, des points sur la côte du nord de l'Amérique méridionale, et cela depuis la Barbade jusqu'à Portobelo, et l'on doit prévenir que la longitude de la Barbade a paru devoir être plus grande d'environ 15 minutes de degré que suivant l'observation de l'éclipse totale de la lune du 8 août 1729, par Stevenson. Dans cette longue traversée on a trouvé l'île Tabago trop voisine de l'île de la Trinité, sur la très-bonne carte espagnole de 1775, en huit feuilles d'aigle. On y trouve 4 lieues $\frac{1}{4}$; et il doit y avoir, à très-peu près, 9 lieues : cette distance est donnée par divers navigateurs. Sur cette côte se voient Porto-Cabeillo, l'île Roca, celle de Curaçao, Sainte-Marthe et Carthagène, où il y a des observations ; elles ont été naturellement analysées par la discussion des distances qui séparent ces points. Entre Porto-Belo et la Vera-Cruz, on a déterminé le cap Gracias-à-Dios, le cap Catoche, et le cap Desconocida ; enfin, au nord de la Vera-Cruz, on a encore arrêté deux des principaux points de la côte occidentale du golfe du Mexique. On a regretté de ne pouvoir entrer dans aucun détail sur tous ces divers objets. On y pourrait voir l'attention qu'on a portée sur chacun d'eux, le choix des méthodes, selon les circonstances, l'étendue du travail et des recherches, etc. On a mis dans l'angle supérieur à droite de cette carte les îles Bermudes en supplément, et sur une plus grande échelle que celle du golfe du Mexique. Ces îles viennent de la carte d'Emmanuel Bowen : mais on a été obligé de l'orienter ; le méridien a paru y faire avec le véritable un angle d'environ 17ᵈ du nord vers l'est. La longitude de Saint-Georges-Town, suivant deux éclipses de lune, en 1722 et 1726, est de 67ᵈ 14' à l'occident de Paris.

Le *Mexique* s'appuie sur les points fixés précédemment à la côte de l'ouest du golfe du même nom ; sur Panama, sur Acapulco, qu'on a fixé comme il suit : On a pris avec soin, d'après les cinq meilleures cartes, la distance de la Vera-Cruz à Mexico ; celle de la Vera-Cruz à Acapulco, et celle d'Acapulco à Mexico. On les a d'abord trouvées respectivement de 193^m, 7 : 257^m, 5 : 173^m, 3. Connaissant d'ailleurs les latitudes de ces villes, on a cherché les différences en longitude qui les séparaient ; il s'est trouvé entre la Vera-Cruz et Acapulco, 3^d 35', 4 ; entre la Vera-Cruz et Mexico, 2^d 59', 0 ; et il a été facile d'apercevoir que les distances précédentes étaient trop grandes d'environ un dixième. Cela donne la longitude d'Acapulco, de 103^d 13', 0 ; et celle de Mexico, de 102 ^{d} 36', 6. Pour confirmer cette dernière longitude, on a réuni celles qui sont indiquées par d'anciennes observations d'éclipses de la lune, avec l'observation de l'éclipse de soleil de 1769, par don Alzate ; avec l'observation d'une éclipse du premier satellite de Jupiter, par l'abbé Chappe ; avec l'observation du passage de Vénus, par don Alzate : et on a cru devoir encore, pour fixer l'inconstance de ces observations, y joindre sept conclusions résultantes de combinaisons géographiques, analogues à celles qui ont été faites sur la Vera-Cruz ; et on a retrouvé la même longitude que ci-dessus. On n'a pas oublié le point important et bien déterminé de Saint-Joseph en Californie, où l'abbé Chappe a été victime de son zèle pour les sciences. Après on a déterminé, par des moyens géographiques, le lieu que doit occuper le cap des courans, celui de l'embouchure de la rivière Colorado dans la mer Vermeille, lequel a exigé qu'on déterminât avant, toujours par des moyens semblables aux précédens, le cap Mendocin ; il s'est trouvé 17^d 14' plus à l'ouest, et de 18^d 46' plus au nord que Saint-Joseph : ensuite on a arrêté le point del Passo, situé à un coude bien marqué de la rivière del Norte. On a encore fixé, par des combinaisons moins étendues et vraisemblablement moins sûres, tous les points de quelque considération qui sont entrés dans cette carte.

On doit tout ce qu'on donne ici de l'Amérique méridionale à l'excellente carte espagnole de La Cruz, dont on a déjà parlé, à laquelle on ne s'est permis d'autres changemens que de l'assujettir à quelques points qui ont paru bien déterminés. Ces points sont Porto-Belo, Panama ; ces deux villes sont à l'égard l'une de l'autre :

PANAMA,	41', 0 à l'E. DE Porto-B.	(DELISLE.)
. . . .	25', 0 à l'E.	(POPPLE.)
. . . .	16', 0 à l'E.	(SPEER.)
. . . .	1', 0 à l'O.	(D'ANVILLE. Am. mérid.)
. . . .	4', 0 à l'O.	(*Idem.* Am. sept.)
. . . .	14', 7 à l'O.	(JEFFERYS. G. d. Mex.)
. . . .	31', 0 à l'O.	(LA CRUZ.)
. . . .	33', 0 à l'O.	(ULLAO.)
. . . .	36', 0 à l'O.	(BELLIN. G. d. Mex.)

13', 5 à l'O.

Selon ces auteurs, Panama serait 13', 5, et tout au plus 16', 3 à l'ouest de Porto-Belo. La Cruz y met un quart de degré de plus ; mais peut-être appartient-il aux Espagnols d'apprendre aux autres nations à quoi on doit s'en tenir à cet égard.

Sur le Pérou on a suivi, avec l'auteur, les longitudes de don Antonio de Ulloa ; quoiqu'elles soient, ainsi que celle de Panama, en général, un peu plus grandes que ne les donnent les observations du P. Feuillée et celles des académiciens français lors de la mesure d'un arc du méridien au Pérou. On a placé la Conception par $75^d\ 16'$, 0, d'après cinq éclipses du premier satellite de Jupiter, observées par le P. Feuillée; et selon une occultation d'étoile par la lune, du même père, calculée par Le Monier. Le cap des Vierges a été placé, selon Narborougt, Bougainville, Cook, etc., et l'on trouve que ce cap doit être environ 2^d plus à l'ouest que sur la carte de La Cruz. Buenos-Ayres est posée sur l'occultation d'une étoile par la lune observée par le P. Feuillée, et calculée par Chabert. Il y a, selon cette observation, entre la Conception et Buenos-Ayres $14^d\ 25'$ en longitude, et La Cruz consomme la même quantité sur sa belle carte. Rio-Janeiro est placée sur des observations d'éclipses des satellites de Jupiter, par Godin, combinées avec des distances de la lune à différentes étoiles, par La Caille et d'Après; la longitude résultante est de $44^d\ 48'$, 6. La position de Cayenne se fonde sur les observations de Richer et La Condamine. Saint-Joseph, dans l'île de la Trinité, a été fixée dans le trajet de la Barbade à Porto-Belo. On a aussi comparé d'autres longitudes observées à celle de la belle carte espagnole : telles sont celles d'Arica, de Coquimbo, de Valparaiso, etc., et les latitudes de Valdivia, de Juan Fernandez, du port Saint-Julien, du Cap-Blanc, de l'île Sainte-Catherine, de la baie de Tous-les-Saints, d'Olinde, etc. On a trouvé que cette bonne carte était toujours renfermée entre les écarts des observations. On a enfin tracé les limites des possessions espagnoles et portugaises suivant le traité de 1778. Les difficultés qu'on y a rencontrées ont été aplanies moyennant les secours abondans qu'a procurés l'auteur de l'*Histoire philosophique et politique des établissemens et du commerce des Européens dans les deux Indes ;* c'est même à sa considération qu'on a bien voulu nous communiquer la belle carte espagnole de La Cruz, qui ne contient pas encore ces limites, et qui n'est pas même publique. On en a extrait la carte générale n° 29, et les cartes particulières n° 30, 31, 33, 34, 35. Le détail précieux, et en grande partie neuf, est entièrement dû à l'habile auteur espagnol. Au surplus, on a partagé le Brésil en neuf provinces ou gouvernemens, dont les divisions récentes ont été fournies encore par l'abbé Raynal, qui les tenait de Portugais très-instruits de l'étendue de ces gouvernemens ; ce qui, avec les limites respectives des possessions espagnoles et portugaises, pourra désormais servir au moins à corriger les cartes et les méthodes de géographie, jusqu'à ce que les circonstances occasionnent de nouveaux changemens.

La *Guyane hollandaise,* presque entière, et la *Guyane française,* viennent, comme on l'annonce dans le titre, des ingénieurs-géographes français. Ce tableau offre la connaissance la plus nouvelle et la plus parfaite que l'on puisse avoir de ce pays. On doit la communication des originaux de cette carte aux égards qu'on eut pour l'auteur de l'*Histoire philosophique et politique.*

Les *îles Antilles*, en particulier, sont appuyées sur des observations dont on a déjà
fait usage dans la carte du golfe du Mexique. On y ajoutera que Fleurieu trouva
en 1769, avec des horloges marines, le Fort Saint-Pierre de la Martinique 6', 9 de degré
plus occidental que le Fort-Royal ; on a encore la longitude de la pointe du Prêcheur, la
latitude et la longitude de la pointe des Salines, celles du cap Férré, et enfin les latitudes de la pointe de Macouba et du bourg du Cul-de-sac-Robert. (Voyez *le Voyage de
Verdun, Borda et Pingré*, en 1771 et 1772.)

L'*île de Saint-Domingue* est appuyée sur la position du Cap-Français ; dont on a déjà
fait mention ; sur la longitude du petit Goave, qui est de 75^d 14', 0, et sur sa latitude
de 18^d 49', 0, selon des observations de Godin, Ulloa et Bouguer ; sur la longitude
du Fort Saint-Louis de 75^d 38', et sur sa latitude qui est de 18^d 22', 7, suivant les observations du P. Feuillée, comparées à celles qui ont été faites en d'autres lieux. On a
encore, par les horloges marines, les positions du cap Samana, du vieux Cap-Français,
de la Grange, du Mole Saint-Nicolas-au-Bourg ; et dans les débouquemens de cette île,
on a la position de la grande Inague et de l'Ile-au-Château. (*Voyage de Verdun,
Borda et Pingré*.) On a en outre la latitude observée de la petite Caïque à la pointe
N. E. des îles Turques à la Caye de sable, et à la grande Saline à la pointe S. En outre,
Verdun a eu occasion depuis d'avoir exactement la latitude de la pointe N. O. de
la petite Inague de 21^d 39', 9, et de découvrir que cette île gît N. O. $\frac{1}{4}$ O. 5^d 45', N. et
S. E. $\frac{1}{4}$ E. 3^d 45', S.

La *Jamaïque* est fondée sur la longitude de Port-Royal, qui est de $\overline{7}9^d$ 2', 5, suivant
deux éclipses de lune et un passage de Mercure sur le soleil. Il n'a pas été aussi facile de
déterminer la latitude de cette place, ni le gisement de toute l'île. Harris fait la latitude de Port-Royal de 17^d 50'. Chambell a observé la longueur du pendule sur la rivière
Black à 18^d de latitude ; mais ces observations ne s'accordent pas. Voici sommairement
ce qu'on a fait pour lever cette difficulté : On a pris, d'après sept des meilleures cartes,
la distance de la pointe Morant à la pointe Negrill du sud ; et on a trouvé 131^m, 0 :
131^m, 0 : 138^m, 0 : 151^m, 5 : 154^m, 0 : 157^m, 0 : 163^m, 0. La différence en latitude entre
ces points, suivant les mêmes cartes, est de 7' ; 12' ; 20' ; 29' ; 50' ; et 39' ; selon ces
données, après quelques préparations, on a trouvé le sinus de l'angle que fait le parallèle
avec la ligne de la pointe E. à la pointe O., de 0, 16', 56, il répond à 9^d 52'. La distance entre les deux pointes dont il s'agit est de 147^m, 6 ; non en prenant le milieu
arithmétique entre les diverses longueurs fournies par les cartes, mais par une méthode
qui promet plus d'exactitude ; en conséquence la différence vraie en latitude est de 24', 46.
On a cherché, avec tout le soin possible, la somme des latitudes de la pointe Morant et
de la pointe de Negrill du sud ; selon quinze indications de part et d'autre ; on a trouvé
cette somme de 36^d 1', 9, qui, avec leur différence, donnent la latitude de la pointe
Morant de 17^d 56', 7, et celle de la pointe de Negrill du sud de 18^d 15', 2. Cela fait voir

la latitude de Port-Royal de 17ᵈ 5o′, plus grande d'environ 1o′ que Harris ne l'a indiquée :
on a cherché avec le même soin la largeur de l'île, mais c'est trop s'étendre sur la Jamaïque.

L'*île de Cuba* s'appuie principalement sur la position de la Havane dont il a été question. On a de plus fixé quatre points de la côte septentrionale entre les lieux observés
de l'île Saint-Domingue et la Havane, en plaçant ces points semblablement à ce qu'ils
devraient être selon quatre cartes différentes. On a ensuite cherché la position du cap
Cruz, référé à la pointe de Maizi et à la Havane, et rapporté encore à Port-Royal et à la
Havane. On a trouvé, par ce moyen, la longitude du cap Cruz de 8oᵈ 9′, 6. De ce cap
à la Trinité, on a en longitude 107′, o : 114′, 4 : 121′, o : 125′, 4 ; et de la Trinité à la
Havane on a 119′, o : 123′, 4 : 13o′, o et 137′, 4 : d'où l'on a tiré 116′, 8 et 127′, 6 ;
ainsi la longitude de la Trinité est de 82ᵈ 6′, 4, et sa latitude de 21ᵈ 48′, o , par don
Marcos, qui observa aussi en cette ville l'éclipse totale de lune du 22 mai 1714. On a
encore fixé le cap Saint-Antoine, en le rapportant à la Vera-Cruz et à la Havane ; Sant-
Iago, en le référant à la pointe de Maizi et au cap Cruz ; Bayamo, en faisant dépendre
son emplacement du cap Cruz et de Sant-Iago, etc. Quant aux points intérieurs de l'île ,
où il y a des observations de longitude, tels que sont le Saint-Esprit et le Port-au-Prince,
on n'a pas dû s'y assujettir sans consulter les distances, tant parce que les observations
sont uniques en chaque lieu, que parce que ces villes sont trop voisines pour que l'erreur possible dans l'observation ne puisse pas faire une partie considérable de l'intervalle
qui doit les séparer. L'erreur paraît être ici d'environ un sixième de la distance , qu'elles
font trop faible ; et ces observations semblent donner la longitude absolue trop forte
d'environ un demi-degré. C'est peut-être là toute la précision qu'on pouvait attendre ,
en 1714, d'une émersion du premier satellite de Jupiter en chaque lieu, surtout l'une
d'entre elles n'ayant point eu de correspondante, du moins à Paris.

Pour le détail de cette île, les noms des dix-huit juridictions qu'on y a établies en 1775,
avec le nombre des cures et la distance en lieues de chaque juridiction à la Havane, etc.,
ont été communiqués par l'abbé Raynal, qui les devait à l'estime qu'on avait pour lui.
Il y en a quelques-unes qu'on n'a pas osé inscrire dans la carte, parce qu'elles n'étaient
pas nommées sur les plans les plus détaillés de cette île qu'on a consultés, ou parce qu'un
autre nom les a dérobés aux recherches, ou bien encore parce que les distances indiquées n'étaient pas toutes exactes, vraisemblablement par erreur de copie.

La *Guadeloupe* se fonde sur la ville de la Basse-Terre, déterminée en longitude par les
horloges marines, et en latitude par Duglos, Varin et Deshayes, vérifiée par d'autres
observations, et par Verdun, Borda et Pingré eux-mêmes. Pour le détail, afin de ne
rien omettre d'essentiel, on a consulté une très-grande carte de cette île provenant du
dépôt des colonies.

On a fait mention ci-devant des observations sur lesquelles s'appuie la Martinique.
Le lecteur est prié d'y avoir recours.

Les côtes septentrionales d'Afrique ont pour base les longitudes et latitudes de Cadix, de Gibraltar, d'Alger, de Tunis, par le baron de Thot; de Tripoli, de Malte, d'Alexandrie et du Caire; les latitudes de Rozette, de Damiette, cette dernière est plus grande que selon Chazelles de 2', 6, par Niebuhr; et s'étendant au nord, de Maretimo, de Palerme, de Syracuse et de Messine; les longitudes et latitudes de la Canée et de Candie; et sur la latitude de Rhodes, par Chabert, plus grande de 2', 3 que selon Chazelles. On remarquera, sur les observations précédentes, que la longitude d'Alger, selon l'éclipse de lune observée par Shaw, a paru trop forte; on a référé cette ville aux points déterminés à l'est et à l'ouest d'Alger, et on a mis seulement au nombre des données la longitude de M. Shaw : par là on a trouvé que cette ville était à l'orient de Paris de 0^d 51'. La longitude de Tripoli est de 11^d 2', 3. En comparant aux observations du P. Feuillée les conclusions que divers astronomes, tels que Lieutaud, Harris, Desplaces, etc, en ont données, on n'a pas entièrement suivi la longitude de Palerme telle qu'elle se conclut d'une éclipse du premier satellite de Jupiter faite dans le siècle précédent par Chazelles; on en a usé comme de la longitude qui précède de Shaw. Quoiqu'on n'ait pas suivi la longitude d'Alger, de ce savant Anglais, on lui doit le détail d'une partie de l'intérieur du pays contenu dans cette carte : on doit le reste à l'*Histoire d'Afrique* de Jean de Léon, à Marmol, à Dapper, etc.

A la carte précédente succède celle de la partie occidentale de l'ancien continent : elle s'appuie sur la détermination de Cadix, sur celle de Funchal, sur celle de plusieurs points de l'île de Ténériffe, sur la détermination de l'île de Gorée, et en conséquence sur celle du Cap-Vert, sur la détermination de la Praya en l'île de Sant-Iago, de l'île de May, l'île de Fuego, et de celle de Brava. (*Voyage de Fleurieu, et celui de Verdun et Pingré.*) Entre Cadix et le Cap-Vert on a fixé le cap Cantin, le cap Bajador et le Cap-Blanc, par des moyens géographiques qui ne laissent presque rien à désirer. A l'égard du détail, il vient des relations les plus récentes, en préférant, en quelque sorte, les cartes des auteurs qui ont été à portée de bien voir le pays; tels sont, entre autres, Adanson, l'abbé de Manet, les voyages nouvellement publiés de nos habiles navigateurs, etc.

L'*Afrique* est d'abord la réduction des cartes de détail dont on s'est entretenu. Quant à l'intérieur de l'Éthiopie, on s'est appuyé, d'une part, sur les points déterminés de la côte occidentale d'Afrique; et de l'autre, aux bords du Nil sur Sennar, Dungola, Asuan et le Caire; et, pour avoir la longitude des points intermédiaires, on a placé semblablement, selon diverses cartes, Tombut, Agadès, Tibedou, Chana, Germa, Zawila, Bournou. Temalma, Gaoga, etc. Puis on s'est appuyé, au midi, sur divers points de la côte de Guinée; et au septentrion, sur des points du bord de la Méditerranée, et on y a référé les points précédens, afin d'en obtenir les latitudes; par là, ces lieux remarquables, comme autant de signaux plantés dans cette vaste région, ont servi à en achever la description. L'intérieur de cette partie du monde n'est guère mieux connu qu'anciennement. Nulle nation moderne ne le fréquente.

3

Pour décrire *Terre-Neuve*, l'Ile-Royale, l'Acadie et le Canada, on s'est appuyé sur le bourg de l'île Saint-Pierre, située à 58ᵈ 31′, 2, de longitude occidentale de Paris, et par 46ᵈ 46′, 5, de latitude. Cette longitude se déduit du rapport des horloges marines *A* et *S* de Le Roi, conduites par Cassini le jeune; de l'horloge marine de Berthould, n° 8; et de la montre *S* de Le Roi, conduites par Verdun, Borda et Pingré; des distances de la lune aux étoiles, par les mêmes; de l'éclipse du soleil aux îles Burgeo, rapporté à Saint-Pierre, et du témoignage des meilleures cartes assujetties avant aux points fixes les plus proches de Saint-Pierre. De là au cap de Raye, situé par 47ᵈ 36′, 8, de latitude, on a trouvé 2ᵈ 52′, 3, en longitude; et du même bourg au cap de Raz, situé par la latitude 46ᵈ 37′, 5, on a trouvé 2ᵈ 55′, 5; ce qui donne à la côte méridionale de l'île de Terre-Neuve 5ᵈ 57′, 8, en longitude. Cette conclusion ne peut manquer d'être juste; on y a employé huit des cartes les plus détaillées et les meilleures, et l'on a apporté dans leurs combinaisons tout le soin dont on est capable; d'où l'on infère que la longitude par une éclipse de soleil aux îles Burgeo est trop forte d'environ 5′. Après avoir fixé les points les plus remarquables de la côte du sud, parmi lesquels on avait la latitude exacte du port des Trépassés, par Chabert, on a cherché la longitude des principaux caps des côtes de l'est et de l'ouest de cette île, excepté la latitude de la ville de Saint-Jean, qui était connue de 47ᵈ 34′, 0, et celle du cap Normand, qui a été observée de 51ᵈ 38′, 4. Dans cette discussion, le point le plus important à fixer était le nord de l'île Kerpon; il s'est trouvé placé par 51ᵈ 43′, 2, de latitude, et à 56ᵈ 27′, 2, de longitude, tant par les différences particulières en longitude des points qu'on a fixés le long des côtes orientales et occidentales, que par les différences qu'on a trouvées en rapportant le nord de cette île au cap de Raze et au cap de Raye, et en le rapportant encore au bourg Saint-Pierre et au cap de Raze. Si, malgré notre travail et nos recherches, la côte orientale a encore besoin de vérification, c'est que la plupart des vaisseaux qui fréquentent ces parages ont pour objet une pêche abondante, et non la perfection des cartes.

Le cap de nord de l'Ile-Royale est à 62ᵈ 22′, 6, de longitude, en le référant au cap de Raye et à Louisbourg; la latitude du cap de nord a été observée à terre par les Anglais; celle des ruines du Fort-Dauphin l'a été pareillement par Chabert; et la longitude de Louisbourg, observée en 1750 par cet officier, est de 62ᵈ 20′, 2, et sa latitude de 45ᵈ 58′, 7; l'île de Scatary est déterminée en latitude, par des observations à terre; et en longitude, suivant sa distance, à Louisbourg, par le même. L'anse de Fronsac est à 63ᵈ 39′, 5, de longitude; et par 45ᵈ 37′ de latitude, observées aussi par Chabert. A l'aide de ces points on en a fixé divers autres au contour et dans l'intérieur de l'île, par des moyens géographiques très-multipliés et très-étendus.

L'*Acadie* s'appuie sur l'anse de Fronsac, sur le port de Canceau et sur le cap de Sable, situé, suivant les observations et les remarques de Chabert, par 67ᵈ 50′, 9, de longitude; et par 43ᵈ 23′, 4, de latitude à la pointe sud de l'île placée au midi du cap de Sable, sur le plan de Chibouctou, levé par le même officier. Sur cette côte méridionale on a placé semblablement, à ce que demandaient sept cartes, divers points parmi lesquels Halifax s'est trouvé à 65^d 51′, 8, de longitude; et par 44^d 39′, 4, de latitude.

Après cela on a cherché à fixer Port-Royal ou Annapolis, en le référant au cap de Sable et à l'anse de Fronsac; au cap de Sable et à Halifax; à Halifax et à l'anse de Fronsac, on l'a enfin trouvé à 67^d 39′, 2, de longitude, et par 44^d 48′, 1, de latitude. On a aussi arrêté le cap Sainte-Marie, situé à la côte ouest de l'Acadie, par des moyens géographiques; en voici le procédé pour exemple. Ayant trouvé la distance de la pointe de Bacareau (vers le N. O. du cap de Sable) à Annapolis, de 81^{milles}, on a trouvé, à proportion de la pointe de Bacareau au cap Sainte-Marie, 42^m, 9, côte de l'Acadie [a]; 47^m, 0, Chabert; 48^m, 2, d'Anville; 49^m, 0, Jefferis; 49^m, 0, Acadie [a]; 51^m, 2, Bellin; 57^m, 5, Mitchel; 62^m, 4, Popple; 63^m, 8, La Borde [a]; 65^m, 0, Montresor; 88^m, 3, Southack. Et d'Annapolis au cap Sainte-Marie, on a trouvé 38^m, 1, Popple; 38^m, 5, Mitchel; 41^m, 5, côte de l'Acadie [a]; 46^m, 6, Acadie [a]; 47^m, 4, Bellin; 48^m, 3, Chabert; 50^m, 6, d'Anville; 51^m, 2, Jefferys; 61^m, 1, Montresor; 63^m, 5, La Borde [a]; 70^m, 5 Southack. Cherchant la somme de ces distances en mettant toujours la plus grande avec la plus petite, et ainsi graduellement, puis, prenant au milieu, on trouve cette somme de 105^m, 8. Ensuite, pour découvrir chaque distance en particulier, on a assorti les petites avec les petites, les moyennes avec les moyennes, et les grandes avec les grandes, toujours graduellement. Après cela, ayant égalé la somme des termes de chacun des onze rapports qui en ont résulté à 105^m, 8, on a eu de nouveaux termes sur lesquels, opérant comme sur les précédens, et répétant le même procédé plusieurs fois, on a découvert pour rapport final $\frac{49^m,2}{55,9}$. Outre ces distances absolues, on a la latitude du cap Sainte-Marie de 44^d, 14′, 0, Jefferys; de 44^d 16′, 0, Chabert; de 44^d 17′, 3, d'Anville; de 44^d, 17′, 4, Bellin; de 44^d, 25′, 0, Montresor; de 44^d 26′, 8, Mitchel; de 44^d 31′, 0, Popple; d'où l'on a assez exactement 44^d 16′, 7. En référant le Fort de Beau-Séjour à Port-Royal, au cap de Sable, à l'anse de Fronsac et à Halifax, on a trouvé ce Fort à 66^d 20′, de longitude, et par 45^d 45′ de latitude.

Entre Beau-Séjour et Gaspereau, à l'entrée de la rivière du même nom, dans la baie verte, il y a 14′, 5, de longitude; ainsi Gaspereau est à 66^{d}5′, 7, de longitude, et par la latitude observée de 45^{d}59′, 0. Afin qu'on puisse apercevoir le moyen qu'on a employé sur Gaspereau et dans plusieurs endroits de cette analyse, on va le détailler, en cherchant la différence en longitude entre l'anse de Fronsac et le cap Louis, c'est un de ceux qu'on met en usage lorsqu'il n'y a qu'une des deux extrémités de fixe. On trouve sur six des meilleures cartes, entre ces points, les différences en longitudes suivantes : 12′, 7; 25′, 5; 25′, 7; 26′, 0; 28′ 5, et 30′ 9; tandis que les différences en latitude, sont, 36′, 0; 23′, 5; 21′, 5; 20′, 0; 16′, 0, et 11′, 0. On a multiplié la plus petite différence en longitude par la plus grande en latitude, et encore par le cosinus 0, 697 de la hauteur polaire moyenne, et ainsi graduellement, et il est venu six rectangles, dont chacun, par une

[a] Ces cartes sont manuscrites.

espèce de milieu , est 345^m, 1. En effet, les différences en longitudes doivent être à peu près réciproques aux différences en latitudes, si l'on veut que les six cartes tendent toutes à donner la même surface dans cet espace. La vraie différence en latitude est de 23', 0, la hauteur observée au cap Louis étant de 46^d juste, et celle de l'anse de Fronsac de 44^d 37' : or $\dfrac{346,1}{23', 0 \times 0, 697} = 22', 4$, c'est la différence cherchée ; par conséquent, la longitude du cap Louis est de 64^d 1', 7. Entre ce cap et Gaspereau on a fixé divers points dont on ne dira rien , afin d'abréger.

La pointe E. de l'île Saint-Jean est par 64^d 3', 7, de longitude rapporté au Cap-Louis ; la latitude observée de cette pointe est de 46^d 30'. Le Fort Amherst au sud de Charlotte-Town , étant référé à Gaspereau et au cap Saint-Louis, est à 65^d 20', 3, de longitude, et par la hauteur observée de 46^d 12', 1, selon Holland, qui a levé le plan de l'île. La pointe nord de cette île est à 66^d 18', 1, de longitude, et par 47^d 10' de hauteur, conformément au plan de Holland, référant à cette pointe celle de Scomina, on la trouve à 67^d 4', 0, de longitude, et par 47^d 10', 3, de latitude. Rapportant la partie ouest de l'île Amherst, une des îles de la Madeleine, 1° au cap de Raye et à la pointe de Scomina ; 2° au cap de nord de l'île Saint-Jean et au cap de Raye ; 3° au cap de nord de l'île-Royale et à la pointe de Scomina ; 4° au cap de nord de l'île Saint-Jean et au cap de nord de l'Ile-Royale ; 5° au cap de l'est de l'île Saint-Jean, et au cap de nord de la même île , on trouve , par une espèce de milieu entre les cinq longitudes qu'on en a tirées, celle de l'ouest de l'île Amherst de 63^d 56', 9. Ensuite on a fixé l'île Anticosti, en la référant au cap de Raye, à la pointe de Scomina et à l'ouest de l'île Amherst; on trouve pour la pointe sud-est 63^d 56', 5, de longitude, et de latitude 49^d 12', 2 ; et pour la pointe ouest 66^d 25', 2, et 49^d 52', 2.

Avant de figurer le fleuve Saint-Laurent, il a été avantageux de fixer le long de son long cours la position de quelques points remarquables, comme Quebec. Pour cela on a jugé d'abord convenable de poser Boston. Afin d'y réussir, on a consulté les *Transactions philosophiques*, les *Transactions américaines*; on a calculé la longitude de Cambridge d'après le passage de Mercure de 1743, et on a fait usage de celle que donne le passage de Vénus observé à Cambridge en 1769 : comme cette ville est plus ouest que Boston de 17 à 18" de temps, et plus au nord de 1' $\frac{1}{2}$ de degré, on a rassemblé sept déterminations de la longitude de cette capitale de la Nouvelle-Angleterre, et quatre autres dépendantes de combinaisons géographiques, référées aux points fixés à l'est et à l'ouest de cette ville. Afin qu'on puisse voir de quelle manière on a exécuté ces opérations, on va expliquer une des quatre combinaisons dont il s'agit. On suppose New-York à 76^d 19', 7, et la pointe sud de l'île du cap de Sable, à 67^d 58', 9 ; ainsi la différence en longitude entre ces points est de 500', 8. Il y a , *à proportion*, du cap de Sable à Boston, d'après sept cartes différentes, 275', 9, Mitchel ; 286', 0, d'Anville ; 296', 0, Popple ; 317', 5, Southack ; 319' 1, Green ; 322', 7, Nouvelle-Écosse de Jefferys, combinée avec la carte de New-England ; 322', 8, Bellin ; et de Boston à New-York il y a 178', 1, New-England ; 178', 2, Bellin ;

181', Green ; 183, 3 , Southack ; 204', 8 , Popple ; 214', 8, d'Anville ; 224', 9, Mitchel.
Mettant les petites différences ensemble, assortissant de même les moyennes les unes avec
les autres , et les grandes avec les grandes , on aura sept rapports, dont égalant la somme
des termes de chacun à 500', 8, il viendra, en assortissant, $\frac{295,2}{185,3} : \frac{300,7}{190,5} : \frac{304,3}{191,3} : \frac{305,0}{195,8} :$
$\frac{308,5}{196,5} : \frac{317,3}{200,1} : \frac{317,5}{205,6}.$ Répétant les mêmes opérations trois ou quatre fois , on aura finale-
ment $\frac{5^d\ 6',\ 2}{5^d\ 14',\ 6}.$ Le sud de l'île du cap de Sable est par 67ᵈ 58', 9, y ajoutant 5ᵈ 6', 2, qu'on
vient de trouver, on aura la longitude de Boston de 73ᵈ 5', 1. Des onze données dont on
vient de s'entretenir, on a conclu 73ᵈ 5', 4, pour la longitude de Boston ; sa latitude est de
42ᵈ 22', 3, suivant le plan du hâvre de Boston de Desbarres, laquelle est constatée par
les observations de Chabert en 1779, faites à terre. En rapportant Quebec à Boston
et à la pointe Scomina ; à Boston et à New-York ; à New-York et à Scomina ; à Philadelphie et à la pointe de Scomina ; à Philadelphie et à New-York ; à Philadelphie et au cap
de Sable ; à New-York et encore au cap de Sable, on trouve Quebec par 73ᵈ 30' ; sa latitude
a été trouvée par Deshayes de 46ᵈ 55', 0. C'est en longitude 1ᵈ 17' de plus qu'elle n'est
indiquée dans la connaissance des temps. Il serait difficile, sans doute, d'opposer à cette
longitude quelques observations bien faites qui pussent l'atténuer sensiblement. Depuis
Quebec jusqu'à l'île Anticosti, on a déterminé sur les bords du fleuve huit points différens. On a procédé de même pour la côte des Eskimaux, depuis l'île Anticosti jusqu'au
nord de l'île Kerpon, et même au-delà.

On a ensuite arrêté sur la côte de la Nouvelle-Angleterre cinq points différens entre Beau-
Séjour et Boston, sur quoi on avait, pour soutenir cette côte à une hauteur convenable,
la latitude du Fort Pentagouet de 44ᵈ 22', 3, et celle de Piscatawai de 43ᵈ 7', 0, observées par Richer, astronome exact et célèbre, pour avoir fait, à Cayenne, la première
expérience sur le raccourcissement du pendule, en allant du pole à l'équateur. Cette
côte, en général, est trop au nord, sur presque toutes les cartes, de 21 à 22 minutes.

Au-dessous de Boston on a fixé la pointe méridionale de la volute que forme le cap
Code : la Providence, dont la latitude observée est de 41ᵈ 50', 7, et dont on a trouvé la
longitude de 73ᵈ 28', 9 : l'île de Nantuket : la pointe de Montock à l'est de Long-Island.
Voici comme on a fixé cette dernière pointe. Sachant que la distance de New-York à la
Providence est de 144ᵐ, 4 ; celle de la Providence à la pointe de Montock est, à proportion, selon sept des meilleures cartes, de 60ᵐ, 0 ; la distance de New-York, à la même
pointe, est de 103ᵐ, 0. D'ailleurs, d'après douze indications de la différence en latitude
entre chaque point, on a trouvé que cette pointe était plus nord que New-York de 14', 8,
et plus sud que la Providence de 54', 1 ; d'où il suit que la pointe de Montok est à 74ᵈ 4', 0,
de longitude, et par 40ᵈ 56', 6, de latitude. Supposons pourtant que New-York soit à
76ᵈ 19', 7, de longitude, et par 40ᵈ 41', 8, de latitude au Fort; mais cela résulte des
observations qu'on y a faites en 1769, combinées avec celles qu'y avait faites Burnet
auparavant. Cette longitude s'accorde avec celle que font trouver les combinaisons géographiques les plus étendues, à 1', 3, de moins près.

L'angle de position entre New-York et Albany est, suivant neuf indications, de
7^d 12' du nord à l'est; la latitude de cette dernière place est de 42^d 45', 6 ; sa longitude
est par conséquent de 76^d 2'.

Retournant à Quebec, afin de finir sur le Canada. D'après six cartes des plus estimées,
on a trouvé Mont-Réal à 75^d 30', 7 de longitude, et par 45^d, 47', 1 , de latitude. Fron-
tenac à 78^d 6', 4, de longitude, et par 44^d 40' de latitude. Oswego, à 78^d 30', 1, de
longitude, et par 43^d 30', 9 , de latitude. Oswego a de plus été référé à Albany. On avait,
pour s'aider dans cette occasion, diverses indications de la hauteur polaire de ces derniers lieux, données par les missionnaires jésuites, et par des ingénieurs français.

En partant d'Oswego on a trouvé, par des combinaisons un peu moins étendues, le
Fort de Niagara à 80^d 44', 1 , de longitude, et par 43^d 27', 5 , de latitude; le lac Michigan , à la pointe la plus sud, par 89^d 00', 1 , de longitude, et à 42^d 19', 0 , de hauteur ;
le lac supérieur, dans la partie la plus à l'est, par 87^d 42', 1 , de longitude, et à 48^d 9', 0,
de latitude ; le lac supérieur, dans la partie la plus à l'ouest, par 94^d 10', 7 de longitude,
et à 45^d 44', 0, de latitude; le saut Saint-Antoine à 96^d 20', 2, de longitude, et par 44^d 23', 5,
de latitude. On a aussi trouvé l'emplacement du Fort du Quesne à 82^d 22', 4 , de longitude, et par 41^d 2', mais en le référant avec soin à Philadelphie et à Winchester, dont
les positions sont bien déterminées, comme on le verra dans peu.

La *Louisiane* et la *Floride* sont fondées sur des observations dont on a fait mention en
analysant le golfe du Mexique. On s'est aussi appuyé sur les lieux fixés dans les contrées
environnantes, afin de donner aux pays qu'on voulait décrire une étendue convenable.
Du côté de l'ouest, la Nouvelle-Orléans et et le saut de Saint-Antoine ont fait voir, en
général, le gisement du Mississipi ; plusieurs observations de latitude ont arrêté, à très-
peu près, la hauteur de divers points de son cours ; tel est le confluent de la rivière Rouge
observé par Le Sueur, celui de plusieurs autres rivières qui viennent payer au Mississipi le tribut de leurs eaux, le confluent de l'Ohio, etc. On a de plus, au haut de cette
rivière, le fort du Quesne, dont la position sera discutée. On s'est appuyé en outre sur
le sud du lac Michigan et sur le fort du Détroit, points dont il a déjà été question. Dans
la partie de l'est on s'est fondé sur Winchester et sur Tugelo : on dira incessamment un
mot sur les moyens qu'on a employés pour les fixer. Du reste, la partie inférieure et celle
de l'ouest de cette carte sont, en grande partie, l'ouvrage des ingénieurs français, à l'occasion des révolutions survenues dans ces contrées lorsque la France en était en possession.
Les autres parties de cette carte sont dues aux voyageurs, aux missionnaires, surtout au
père Maire , jésuite, et à quelques cartes gravées et manuscrites françaises et anglaises.

Les *États-Unis de l'Amérique septentrionale* ont pour base les positions de Boston,
d'Albany, de New-York, dont on a parlé : ces provinces s'établissent sur la position de
Philadelphie ; appuyée sur le passage de Vénus de 1769, et sur nombre d'observations
des satellites de Jupiter, faites dans cette capitale de Pensylvanie , ou dans des lieux voi-

sins : la longitude qui en résulte est de 77ᵈ 35′, 4, et sa latitude, bien observée, est de 39ᵈ 56′, 9. Ensuite on a fixé divers points contigus à la baie de Cheseapeake ; tels sont entre autres, Baltimore, Annapolis, Alexandrie, Marleborough et Williamsbourg. De là, s'éloignant davantage du rivage, on place Winchester, en référant cette ville à Philadelphie, à Baltimore, à Annapolis, à Alexandrie et à Marleborough : on a trouvé que Winchester devait être à 81ᵈ 2′ de longitude, et par 59ᵈ 32′, 6, de latitude. En outre on a fixé, depuis la baie de Cheseapcake, divers points, dont quelques-uns sont, le cap Hatteras ; le cap Fear, le cap Carteret, Beaufort et Savannah ; puis, allant dans les terres, on s'est attaché à bien poser la ville de Tugelo, en la rapportant au cap Fear, au cap Carteret, à Beaufort et à Savannah : Tugelo s'est trouvé, par ces moyens réunis, à 86ᵈ 28′, 7, de longitude, et à 34ᵈ 20′, 6, de latitude.

L'*Amérique septentrionale* est la réduction des morceaux qui en offrent le détail ; à l'égard des régions qu'ils ne présentent pas, on a profité de ce qu'il y a de plus nouveau et de mieux avéré. On a posé le port de San-Blas environ par 55ᵈ 43′ de latitude, selon le dernier voyage des Espagnols dans ces parages peu connus. On a fait usage pour l'archipel du nord, situé à l'est de l'Asie, de la carte publiée en Russie il y a quelques années ; pour la baie d'Hudson et de Baffin, des cartes qu'ont valu les dernières tentatives des Anglais pour découvrir un passage au N. O. ; pour le Groenland, de la carte de Anderson, sur les observations de la *Mission danoise;* pour la partie du sud-ouest de l'Islande, de la carte de Verdun, Borda et Pingré, etc.

On a cru devoir joindre ici une carte de supplément contenant les îles Vierges, et les plans particuliers de plusieurs des îles Antilles, dont le détail n'a pas paru suffisant dans la carte générale de ces îles. Ces supplémens sont extraits des cartes particulières de Jefferys, géographe anglais : on n'y a fait qu'un seul changement, on a remonté l'île de Saint-Eustache, par rapport à celle de Saint-Christophe, de 4′, parce que la ville Saint-Eustache y était à 17ᵈ 25′ de latitude, tandis qu'elle est réellement par 17ᵈ 29′, suivant les observations de Verdun, Borda et Pingré. Ces supplémens diffèrent, à quelques égards, des mêmes objets qui sont sur la carte générale, dans laquelle on s'est appuyé en grande partie sur les observations nombreuses et sur la carte de Verdun, Borda et Pingré. L'île de Sainte-Lucie, qui diffère le plus en excès de celle de Jefferys, y est réduite de celle de Bellin de 1765, où l'auteur aura pu prendre pour échelle le mille statué d'Angleterre, au lieu du mille d'usage ; ou bien Jefferys aura employé le mille d'usage, au lieu du mille statué.

Les premières cartes de cet atlas sont deux mappemondes ; si l'on n'en parle que vers la fin de cette analyse, c'est qu'elles ont été construites les dernières, comme cela devait être. La première est sur la projection stéréographique ordinaire, à laquelle on est habitué. Elle représente le globe d'une manière plus naturelle qu'aucune autre projection. Les méridiens y coupent les parallèles à angles droits, et les degrés de ceux-ci y diminuent, de l'équateur aux poles, comme sur la sphère. Quoique le cadre de cette mappemonde soit plus grand que dans les autres cartes de cette collection , les deux hémisphères ensemble ne contiennent pas plus de surface que les autres cartes de ce recueil, parce que la rondeur retranche aux angles du cadre et au milieu de sa longueur six espaces mixtilignes extérieurs à la mappemonde. Cette carte offre une idée générale de tout le globe, les noms et les capitales des principaux états et des plus grands fleuves. Ce premier coup-d'œil a paru suffisant, et peut-être même plus convenable que s'il offrait un plus ample détail. On a puisé dans les meilleures sources les objets que nos cartes plus particulières ne contiennent pas; tels sont, la Nouvelle-Hollande et la Nouvelle-Zélande, les îles Carolines, l'île de Taïti, etc.

L'autre planisphère est tracé sur la projection de Mercator, usitée dans la marine. C'est l'inverse de la première projection. Il peut être avantageux de présenter ainsi le même objet sous différens points de vue. Dans celle-là, le globe est présenté en deux hémisphères ; dans celle-ci, sa surface est développée sur le même plan ; là, le nord-est de l'Asie, l'Islande, sont sur deux hémisphères différens, et il est embarrassant de les rapprocher, même par la pensée. Ici ces objets sont contigus, ils sont ensemble ; cela vient de ce qu'on a pris, à l'est et à l'ouest, pour les bords du plan de cette carte, le méridien qui coupe le moins d'objets possible ; il en aurait été autrement, et il eût été facile ici, en pliant la carte en cylindre, de rapprocher les parties les plus orientales des plus occidentales. Sur la première, il est difficile de mesurer les distances ; sur la seconde, les degrés du méridien, interceptés entre les lieux dont on désire la distance, en sont l'échelle naturelle. On a réuni, par extrait, dans cette dernière mappemonde, les vents généraux et les moussons ; ces objets se trouvent par parties dans les autres cartes de cet atlas, mais ils n'y font pas un tout. On les a désignés par des hachures tracés sur la mer avec des flèches qui en montrent la direction. La connaissance de ce phénomène n'est pas encore assez répandue en France. Les détails qu'en renferme l'*Histoire philosophique et politique*, avec ce qu'on en présente dans ce recueil, concourront à la rendre plus familière.

Voilà l'analyse abrégée qu'on s'était proposé de faire de cet atlas; elle a même entraîné plus loin qu'on ne s'était promis d'aller, quoiqu'on ait supprimé autant d'objets qu'il a été possible, et d'autres qu'on n'a laissé qu'entrevoir, surtout quand ils ne tendaient pas à fixer de grands espaces dans chaque région qu'on devait décrire. L'ouvrage, d'ailleurs, était assez considérable, et les connaissances de détail répandues présentement sur le globe, jointes à la multitude d'observations qu'on y a faites, ne permettaient guère de rendre cet écrit plus court; ou bien il aurait fallu jouir d'un loisir plus long que celui dont on a pu disposer. En conséquence il a fallu concentrer son énergie, et faire des efforts afin que cet atlas puisse répondre à l'ouvrage pour lequel il a été expressément dressé. Si nous y avons réussi, nos désirs sont satisfaits.

FIN DE L'ANALYSE DE L'ATLAS.

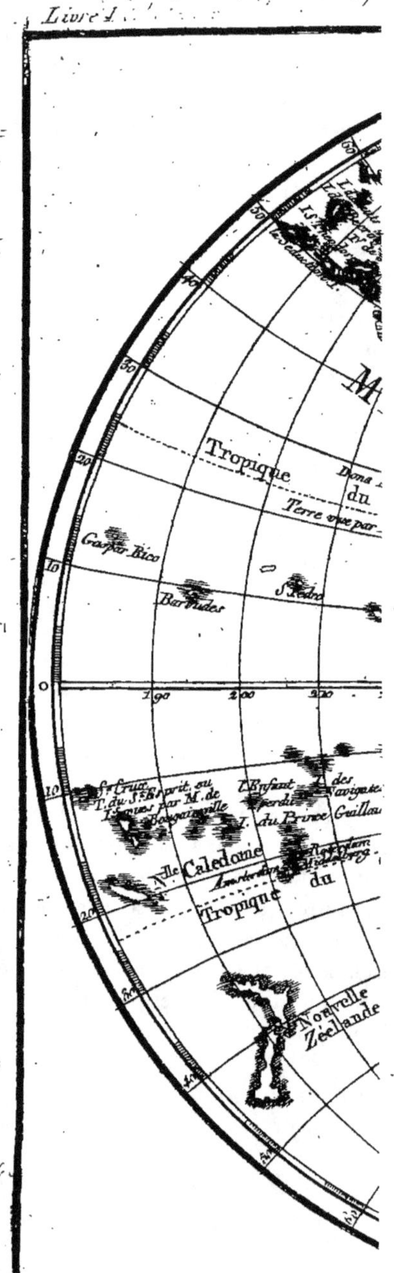
M.
Tropique
du
Terre vue par
Dona
Gaspar Rico
S. Pedro
Baruides
S.te Cruz
T. du S.t Esprit, ou
Terres par M. de
Bougainville
L'Enfant
perdu
I. des
Navigateurs
I. du Prince Guillau.
N.lle Caledonie
Tropique
du
Nouvelle
Zeelande
190
200

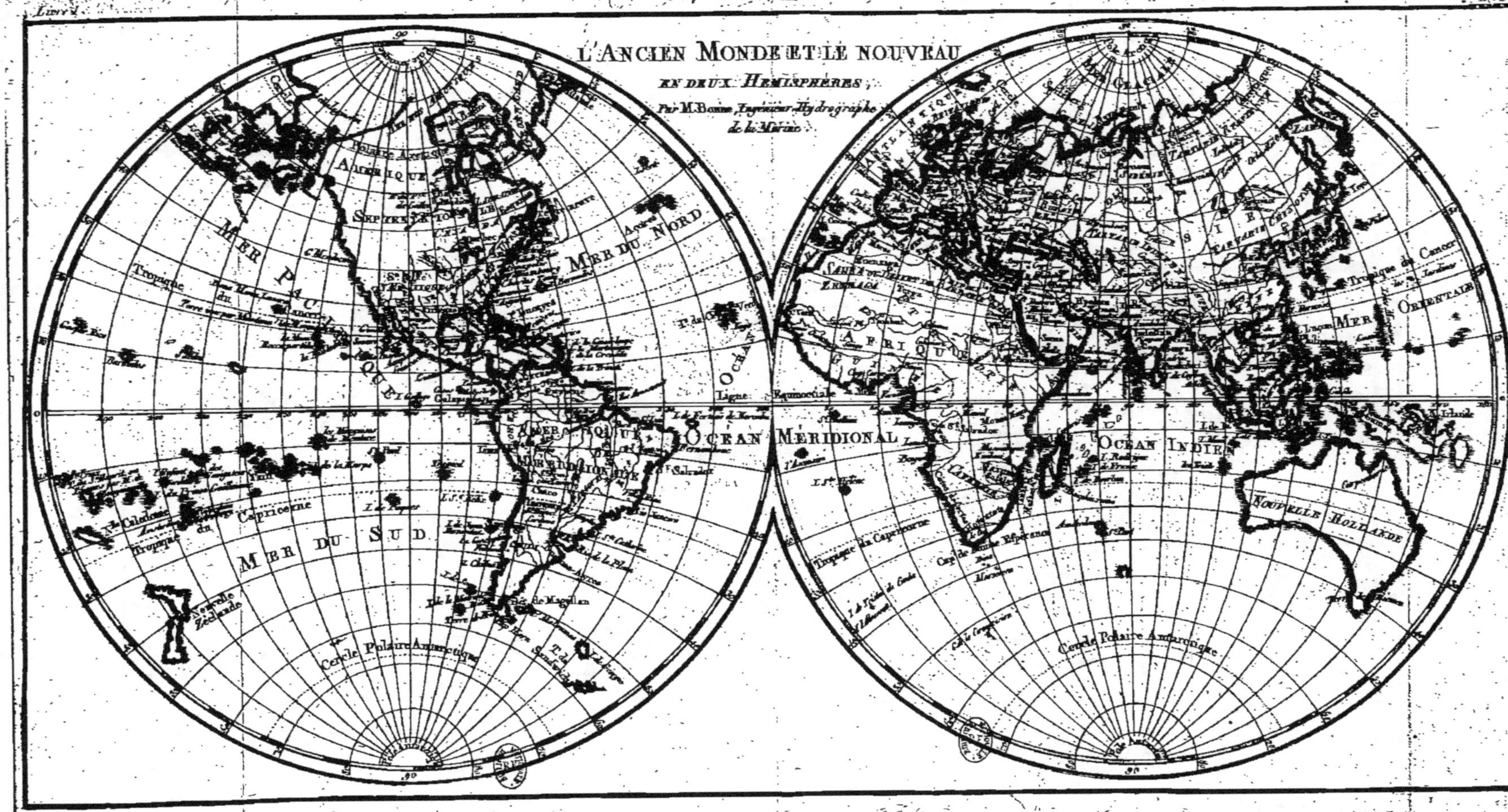

L'Ancien Monde et le Nouveau
en deux Hemispheres;
Par M. Bonne, Ingénieur Hydrographe de la Marine.
AMERIQUE SEPTENTRIONALE
MER DU NORD
MER PACIFIQUE
Tropique du Cancer
AMERIQUE MERIDIONALE
OCEAN MERIDIONAL
Ligne Equinoctiale
MER DU SUD
Tropique du Capricorne
Nouvelle Zelande
Cercle Polaire Antarctique
Cercle Polaire Arctique
EUROPE
ASIE
AFRIQUE
OCEAN INDIEN
MER ORIENTALE
NOUVELLE HOLLANDE
Tropique du Cancer
Tropique du Capricorne
Cap de bonne Esperance
Cercle Polaire Antarctique
N.º 1

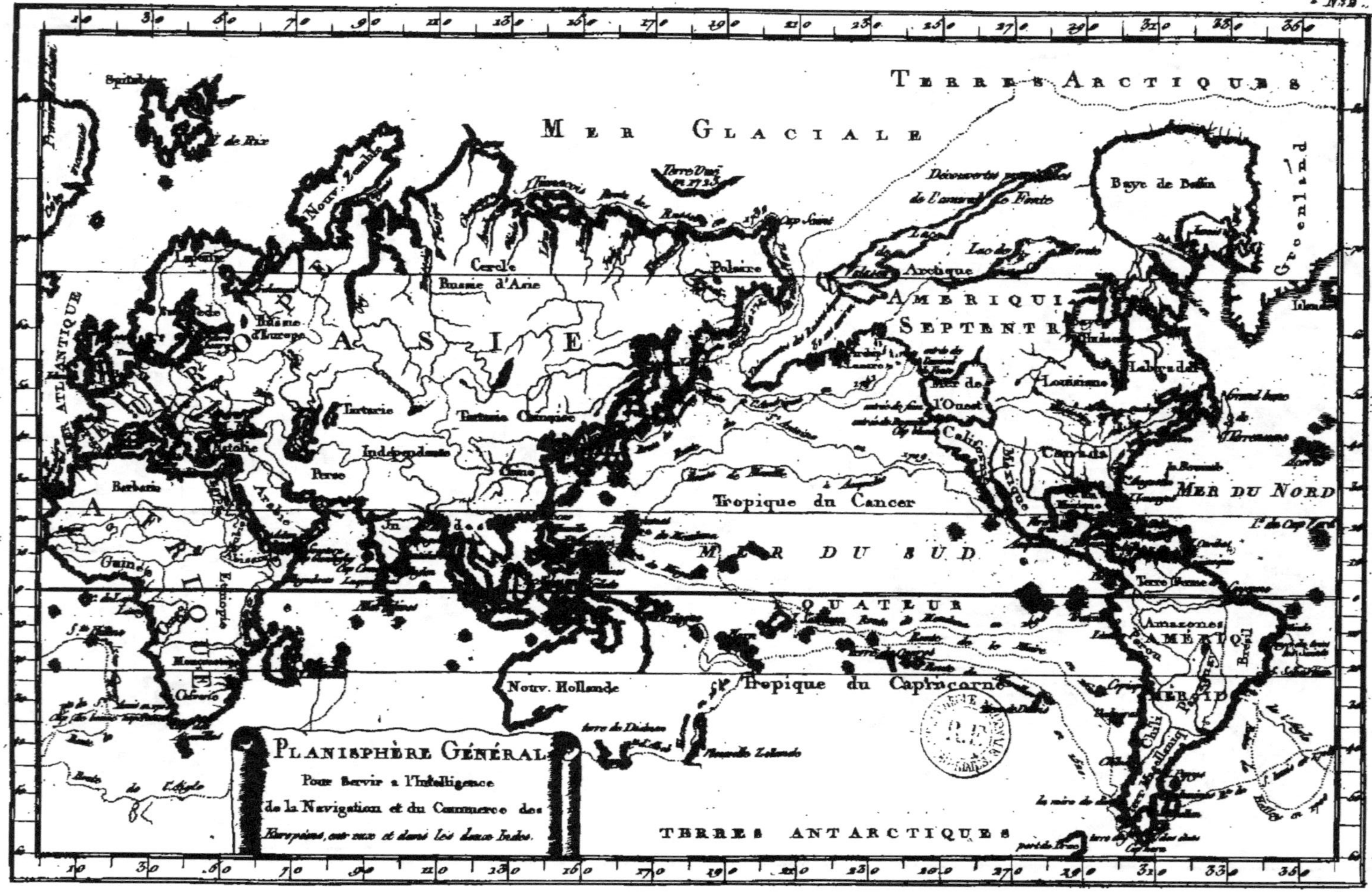

PLANISPHÈRE GÉNÉRAL
Pour Servir a l'Intelligence
de la Navigation et du Commerce des
Européens, entr'eux et dans les deux Indes.

MER GLACIALE
TERRES ARCTIQUES
TERRES ANTARCTIQUES
MER DU NORD
MER DU SUD
OCÉAN ATLANTIQUE
Tropique du Cancer
Tropique du Capricorne
ÉQUATEUR

EUROPE
ASIE
AFRIQUE
AMÉRIQUE SEPTENTRIONALE
AMÉRIQUE MÉRIDIONALE

Spitsberg
Nouv. Zemble
Russie d'Asie
Russie d'Europe
Tartarie
Tartarie Chinoise
Indépendante
Perse
Chine
Barbarie
Guinée
Nouv. Hollande
Terre de Diémen
Nouvelle Zélande
Groenland
Baye de Baffin
Mer de l'Ouest
Californie
Mexique
Canada
Louisiane
Labrador
Cercle Polaire
Amazones
Brésil
Chili
Dét. de Magellan
Cap Horn
Découvertes nouvelles
de l'amiral de Fonte

N.º 3
Longitude du Méridien de l'Isle de Fer.
L'EUROPE
Par M.ᴿ BONNE,
Ingénieur-Hidrographe
de la Marine
OCÉAN OCCIDENTAL ou ATLANTIQUE
ISLES BRITANNIQUES
ÉCOSSE
IRLANDE
ANGLE TERRE
NORVÈGE
SUÈDE
LAPONIE
DANNEMARC
MER BALTIQUE
RUSSIE
LIVONIE
LITUANIE
PRUSSE
POLOGNE
UKRANIE
D'EUROPE
HONGRIE
BOHÊME
MER NOIRE
MER CASPIENNE
ANATOLIE
MER MÉDITERRANÉE
ESPAGNE
PORTUGAL
Détroit de Gibraltar
Lisbonne
Madrid
MER
Corse
Sardaigne
Naples
Alger
Tunis
Afrique
AFRIQUE
Fez
Lieues de Suède de 10 ½ au Degré
M. Lieuxommuns d'Allemagne de 15 au mi.
Lieues Marines de 20 au Degré
Agatchs de Turquie de 25 au D.
L.ᵉ communes de France de 25 au D.
L.ᵉ légales de Castille de 26 ½ au D.
Milles communs d'Angleterre de 69 au D.
Milles Modernes d'Italie de 60 au D.
Versts de Russie de 86 au Degré
Longitude du Méridien de Paris.

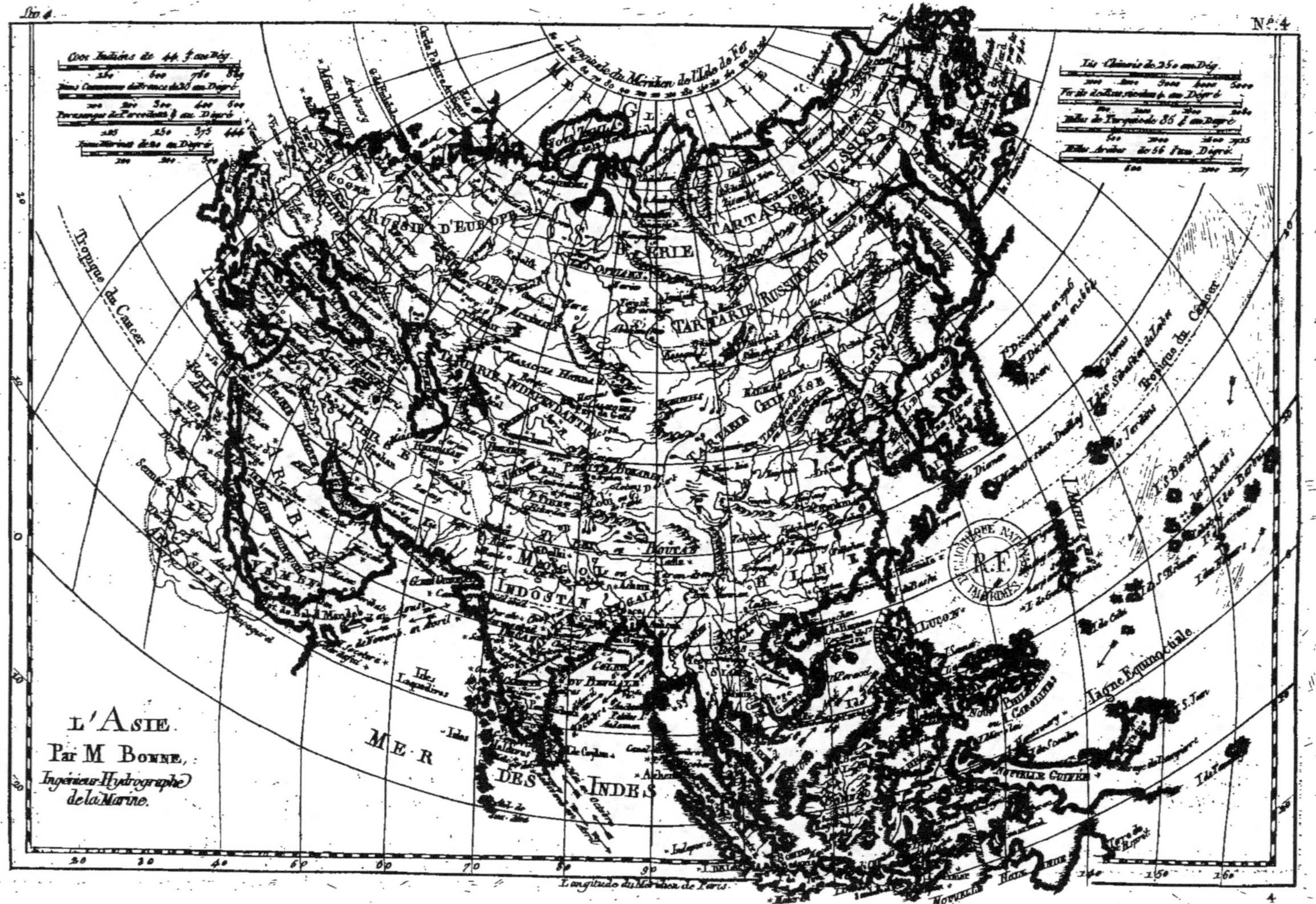

Liv. 4
N.o 4
L'ASIE
Par M. Bonne,
Ingénieur Hydrographe
de la Marine.
MER GLACIALE
RUSSIE D'EUROPE
SIBERIE
TARTARIE RUSSIENNE
TARTARIE INDEPENDANTE
ARABIE
PERSE
INDOSTAN
MOGOL
CHINE
TIBET
LUÇON
Nouvelles PHILIPPINES
CAROLINES
NOUVELLE GUINÉE
MER DES INDES
Tropique du Cancer
Tropique du Cancer
Ligne Equinoctiale
Longitude du Méridien de Paris.
Longitude du Méridien de l'Isle de Fer
Iles Laquedives
Iles Maldives

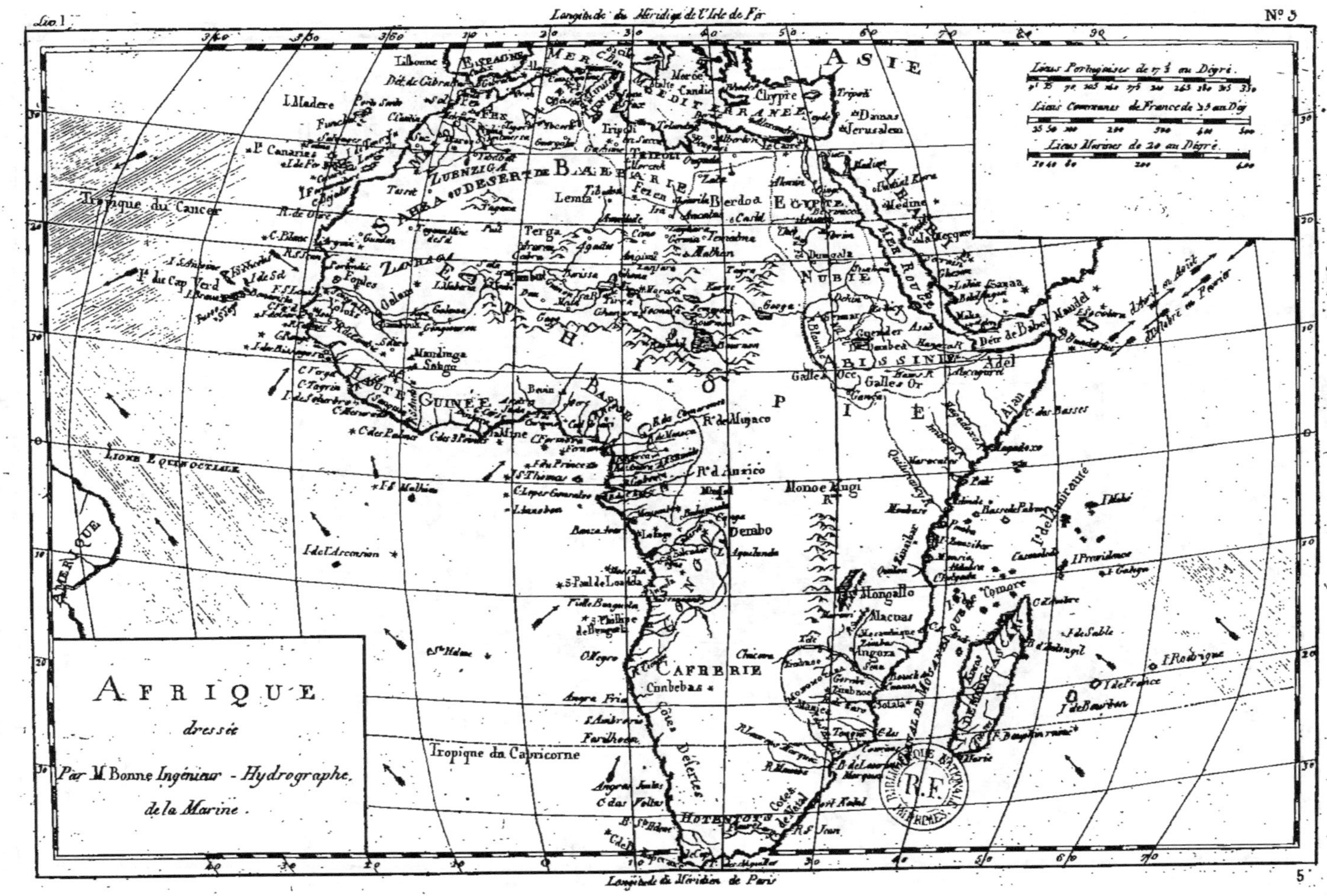

Liv. 1
Longitude du Méridien de l'Isle de Fer
N.º 3
Lieus Portugaises de 17 ½ au Dégré
Lieus Communes de France de 25 au Deg.
Lieus Marines de 20 au Dégré.
ASIE
AMERIQUE
MER MEDITERRANÉE
Tropique du Cancer
I. Madere
I.ª Canaries
I.º du Cap Verd
ZUENZIGA
SAHARA OU DESERT DE BARBARIE
EGYPTE
NUBIE
MER ROUGE
ABISSINIE
Adel
HAUTE GUINÉE
ETHIOPIE
LIGNE EQUINOCTIALE
I. de l'Ascension
S.ᵗ Thomas
S.ᵗ Paul de Loanda
Monoe Mugi
Dembo
I. de l'Amirauté
Mongallo
Comore
CAFRERIE
Cunbebas
I. Rodrigue
I. de France
I. de Bourbon
MADAGASCAR
Tropique du Capricorne
Côtes Desertes
HOTENTOTS
AFRIQUE
dressée
Par M. Bonne Ingénieur - Hydrographe,
de la Marine.
Longitude du Méridien de Paris
R.F.
5

Longitude du Méridien de l'Isle de Fer.
L'ITALIE
Par M. Bonne, Ingénieur-Hydrographe
de la Marine.
Milles d'Italie de 60 au D.
Lieues communes de France de 25 au D.
Lieues Marines de 20 au D.
Milles de Piemont de 60 au D.
N.º 6
PARTIE DE FRANCE
SUISSE
ALLEMAGNE
HONGRIE
SAVOYE
CROATIE
TURQUIE D'EUROPE
GOLFE DE VENISE
MER MEDITERRANÉE
SICILE
AFRIQUE
Longitude du Méridien de Paris.

Liv. I.
Longitude du Méridien de l'Isle de Fer.
No 7.
LA TURQUIE D'EUROPE
et celle D'ASIE,
hors la partie située dans l'Arabie.
Par
M. Bonne Ingénieur-Hydrographe
de la Marine.
Milles de Turquie de 66 ⅔ au Degré.
Milles d'Arabie de 56 ⅔ au Degré.
Parasanges de Perse de 22 ⅔ au Degré.
Lieues communes de France de 25 au Degré.
Lieues Marines de 20 au Degré.
HONGRIE
ITALIE
GOLFE DE VENISE
SICILE
ESCLAVONIE
CROATIE
BOSNIE
SERVIE
BULGARIE
TRANSYLVANIE
VALAKIE
Belgrade
Mostar
Scutari
Sophia
Philippopoli
ROMANIE
MACEDOINE
Salonique
THESSALIE
Janna
I. Ste Maure
I. de Cephalonie
G. de l'Arcadie
Zante
Negrepont
Constantinople
Bursa
Kiutahie
ANATOLIE
CARAMANIE
PETITE TARTARIE
Bouches du Danube
Bakriserai
CRIMEE
Mer Morte
PONT EUXIN
ou MER NOIRE
CIRCASSIE
ABASSI
RUSSIE D'ASIE
MER CASPIENE
Astracan
GEORGIE
IMIRETTE
Teflis
ARMENIE
Erzeroum
Erivan
KURDISTAN
KAKIARI
Diarbekir
MESOPOTAMIE
ALADULIE
Adana
Alep
IRAK ARABA
Bagdad
ARABA
LAURESTA
Bassora
Mer Morte
Jerusalem
Jaffé ou Joppé
Damas
Desert de Syrie
ARABIE
DÉSERTE
ARABIE PETRÉE
I. DE CHIPRE
Nicosie
MER MÉDITERRANÉE
I. DE CANDIE
G. de Coron
PARTIE D'AFRIQUE
EGYPTE
Le Caire
Bouches du Nil
Alexandrie
R.F.
Longitude du Méridien de Paris.
GOLFE PERSIQUE
7

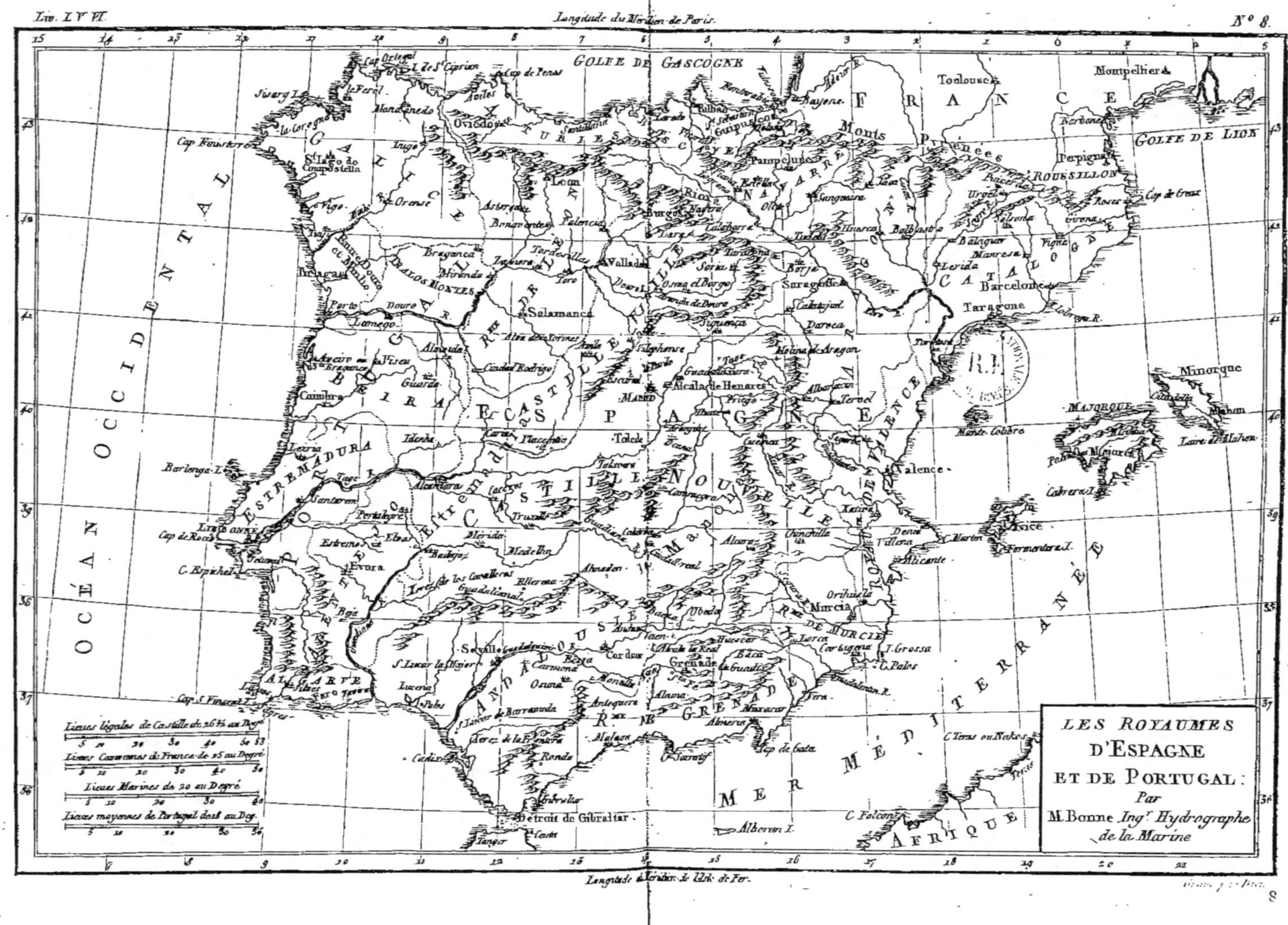
GOLFE DE GASCOGNE
OCÉAN OCCIDENTAL
MER MÉDITERRANÉE
GOLFE DE LION
FRANCE
AFRIQUE
LES ROYAUMES
D'ESPAGNE
ET DE PORTUGAL:
Par
M. Bonne Ingr. Hydrographe
de la Marine
GALICE
ASTURIES
NAVARRE
ARAGON
CATALOGNE
ROUSSILLON
Monts Pyrénées
ESTREMADURA
BEIRA
PORTUGAL
ALGARVE
ANDALOUSIE
GRENADE
Rme. DE MURCIE
VIEILLE CASTILLE
NOUVELLE CASTILLE
Rme. DE MANCHE
Rme. DE VALENCE
ESPAGNE
MAJORQUE
Minorque
Cadix
Détroit de Gibraltar
Gibraltar
Tanger
Cadix
Séville
Cordoue
Grenade
Malaga
Murcia
Carthagène
Alicante
Valence
Barcelone
Tarragone
Lerida
Saragosse
Pampelune
Bayone
Toulouse
Montpellier
Perpignan
Burgos
Léon
Oviedo
Valladolid
Salamanque
Tolede
MADRID
Alcala de Henares
Teruel
Cuenca
Badajos
Evora
Coimbra
Porto
Bragance
Viseu
Guarda
Santarem
Cap Finisterre
Cap Ortegal
St. Iago de Compostella
Vigo
Orense
Douro R.
Tage R.
Guadiana R.
Ebre R.
Lieues légales de Castille de 26⅔ au Degré
Lieues Communes de France de 25 au Degré
Lieues Marines de 20 au Degré
Lieues moyennes de Portugal dont au Degré

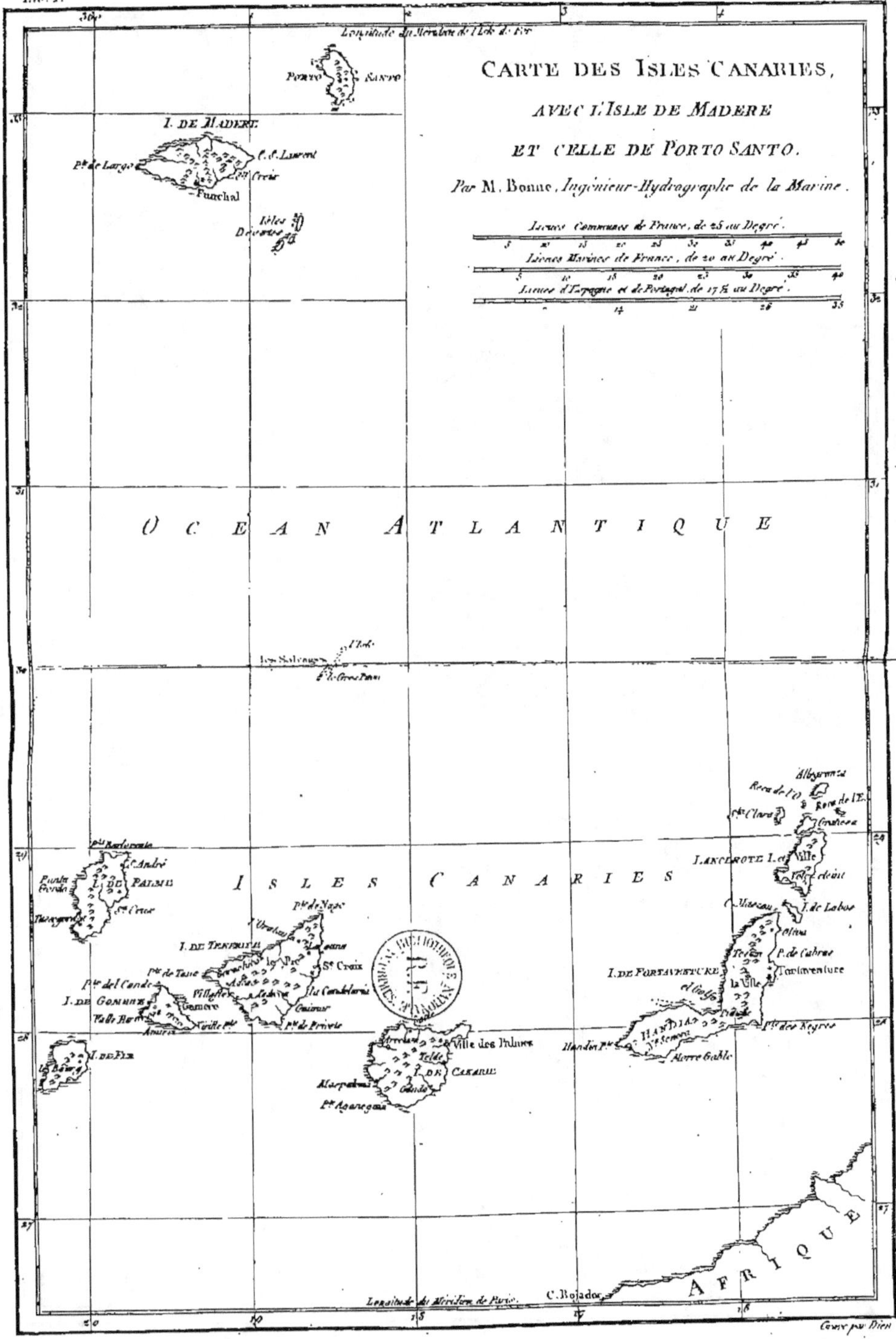
CARTE DES ISLES CANARIES,
AVEC L'ISLE DE MADERE
ET CELLE DE PORTO SANTO.
Par M. Bonne, Ingénieur-Hydrographe de la Marine.
Lieues Communes de France, de 25 au Degré.
Lieues Marines de France, de 20 au Degré.
Lieues d'Espagne et de Portugal, de 17 ½ au Degré.
OCEAN ATLANTIQUE
ISLES CANARIES
AFRIQUE
PORTO SANTO
I. DE MADERE
Funchal
C. Bojador
Ville des Palmes
I. DE FORTAVENTURE
I. DE TENERIFFE
I. DE GOMMERE
I. DE FER
Alegranza
Longitude du Méridien de l'Isle de Fer
Longitude du Méridien de Paris

Gravé par Dien

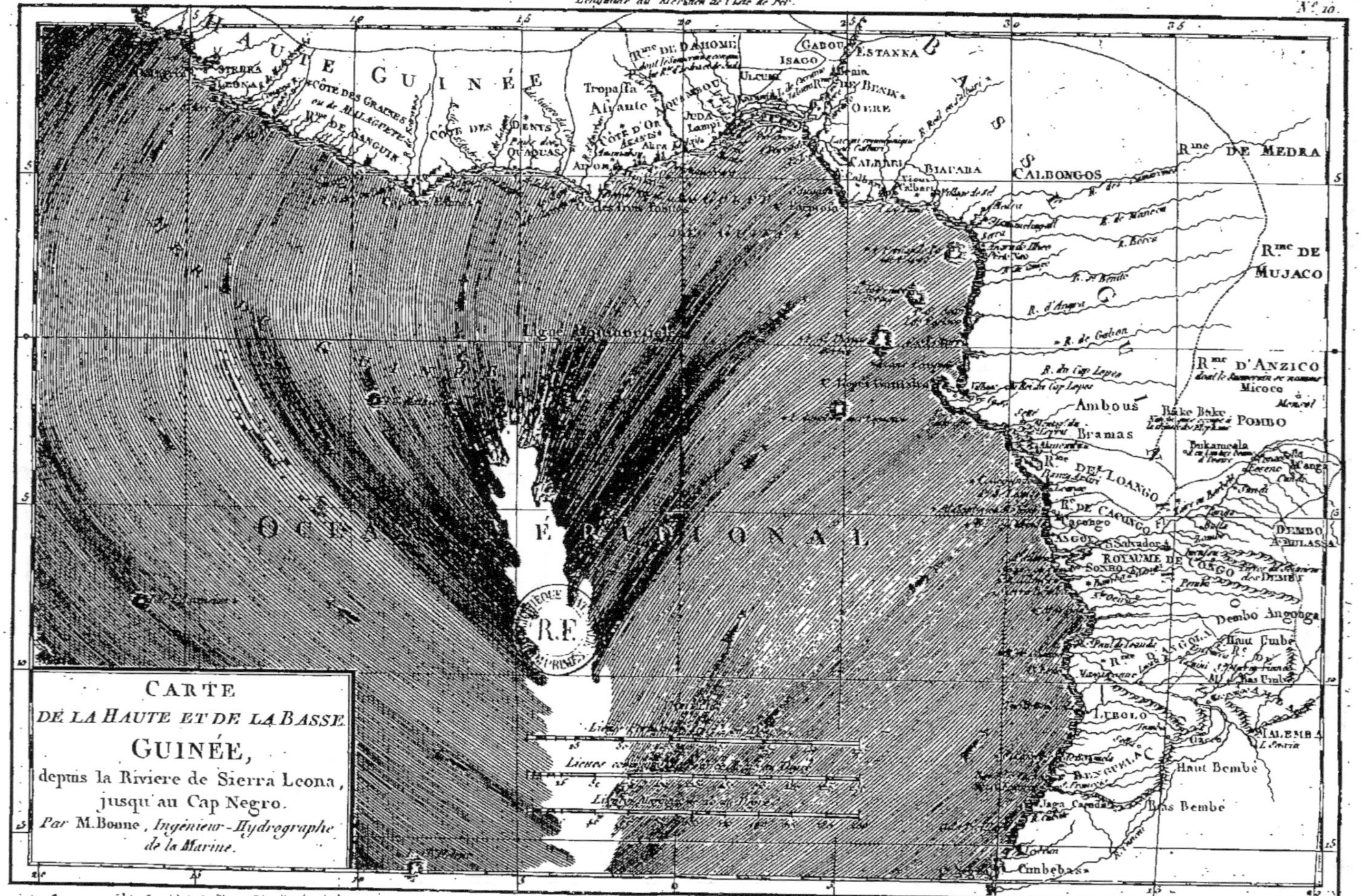

CARTE
DE LA HAUTE ET DE LA BASSE
GUINÉE,
depuis la Riviere de Sierra Leona,
jusqu'au Cap Negro.
Par M. Bonne, Ingénieur-Hydrographe
de la Marine.

HAUTE GUINÉE
Côte des Graines ou de Malaguette
Côte des Dents
Côte d'Or
Tropaſſa
Aſſante
Juda
Lampi
Rme DE DAHOMÉ
Gabou
Isago
Estakka
Ulcumi
Benik
Orre
Calbari
Biafara
Calbongos
Rme DE MEDRA
Rme DE MUJACO
Rme D'ANZICO
Micoco
Pombo
Ambouſ
Bramas
Rme DE LOANGO
Rme DE CACONGO
S.ᵗ Salvador
ROYAUME DE CONGO
SONHO
DEMBO
Dembo Angonga
ANGOLA
Haut Cumbé
Libolo
MALEMBA
Haut Bembé
Bas Bembé
Cumbebas
OCÉAN ÉQUATIONAL

Lieues
Lieues

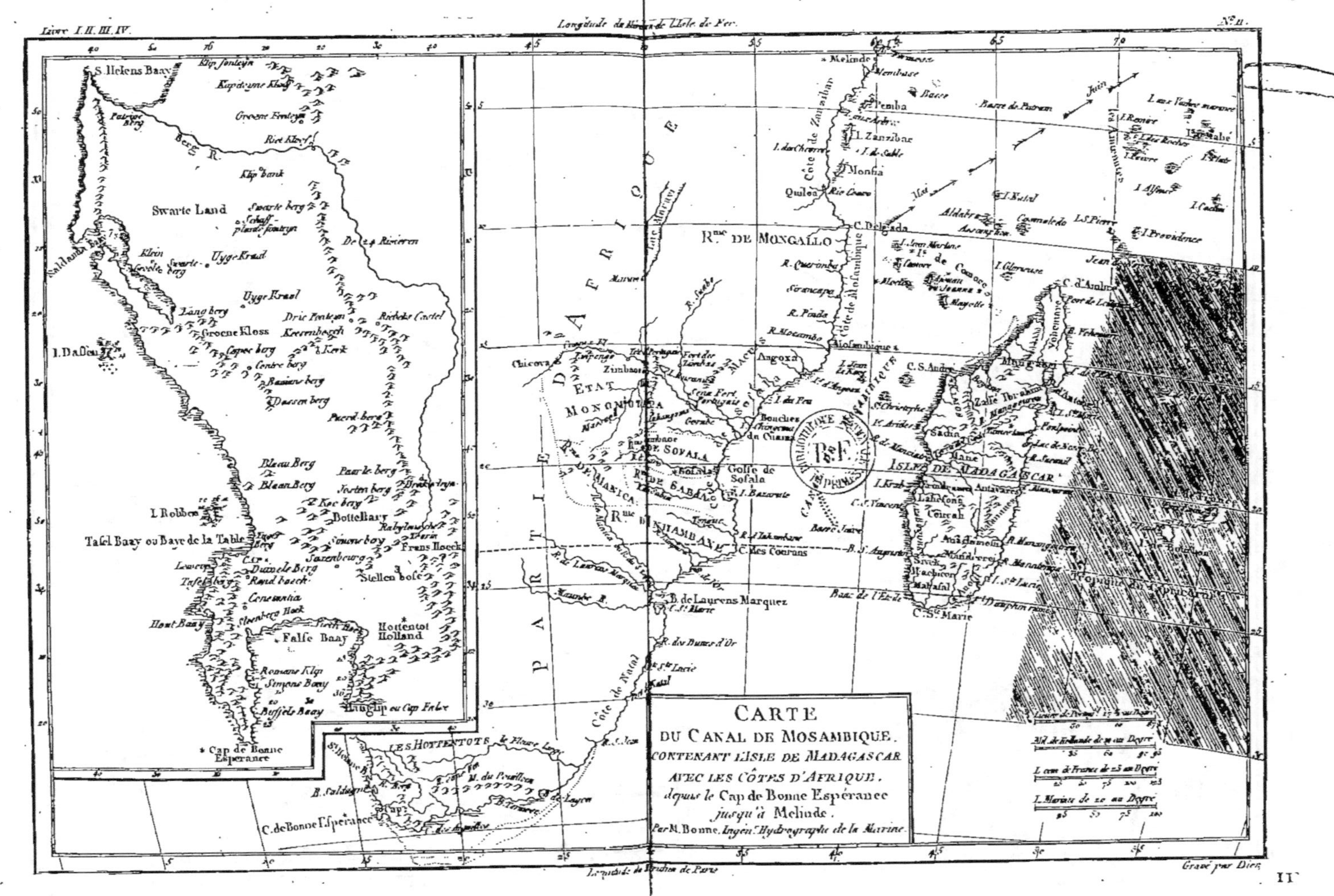

Livre I. II. III. IV.
Longitude du Méridien de l'Isle de Fer.
N.º II.
CARTE
DU CANAL DE MOSAMBIQUE.
CONTENANT L'ISLE DE MADAGASCAR
AVEC LES CÔTES D'AFRIQUE.
depuis le Cap de Bonne Espérance
jusqu'à Melinde.
Par M. Bonne, Ingen.r Hydrographe de la Marine.
Longitude du Méridien de Paris.
Gravé par Dien.
II

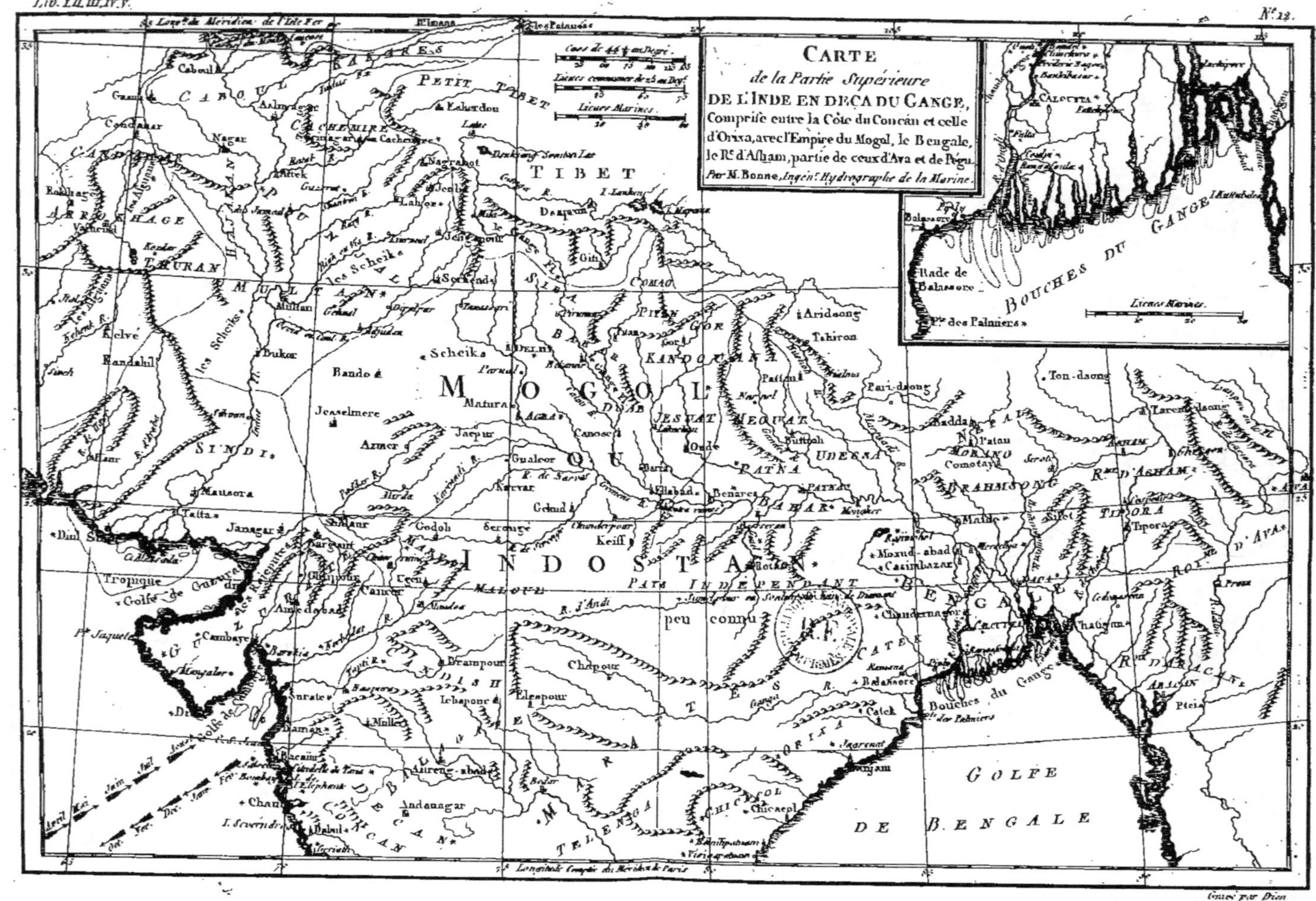
CARTE
de la Partie Supérieure
DE L'INDE EN DEÇA DU GANGE,
Comprise entre la Côte du Concan et celle
d'Orixa, avec l'Empire du Mogol, le Bengale,
le Re. d'Asham, partie de ceux d'Ava et de Pégu.
Par M. Bonne, Ingent. Hydrographe de la Marine.
Cotes de 44½ au Degré.
Lieues communes de 25 au Degré.
Lieues Marines.
BOUCHES DU GANGE.
Lieues Marines.
CALCUTA
Rade de Balassore
Pte. des Palmiers
Balassore
CABOUL
PETIT TIBET
CACHEMIRE
TIBET
Cachemire
Lahor
ARROKHAGE
TOURAN
les Scheiks
MULTAN
Multan
Scheika
DELHI
MOGOL
Matura
Bando
SIMDI
Jeaselmere
Jaepur
Azmer
Gualeor
Mattora
Taita
Janagar
Godoh
Seronge
Keiss
INDOSTAN
KANDOUANA
JESUAT MEOUAT
PATNA
Oude
Barta
Ellabad
Benares
BAHAR
Moxud-abad
Cassimbazar
BENGALE
UDEENA
BRAHMSONG
Re. d'ASHAM
ASHAM
TIPORA
Tipora
ROI. D'AVA
PATS INDEPENDANT
peu connu
Tropique
Golfe de Guzurate
Cambaye
Mongalor
Brampour
Chapour
Elapour
Ichapour
Surate
Bacaim
Aurenge-abad
Andanagar
Daman
Chandernagor
Chaturn
CATEK
Balassore
ORIXA
Bouches du Gange
Pte. des Palmiers
COUCAN
DECAN
TELENGA
GOLFE DE BENGALE
ARACAN
D'AVA
Longitude Comptée du Méridien de Paris

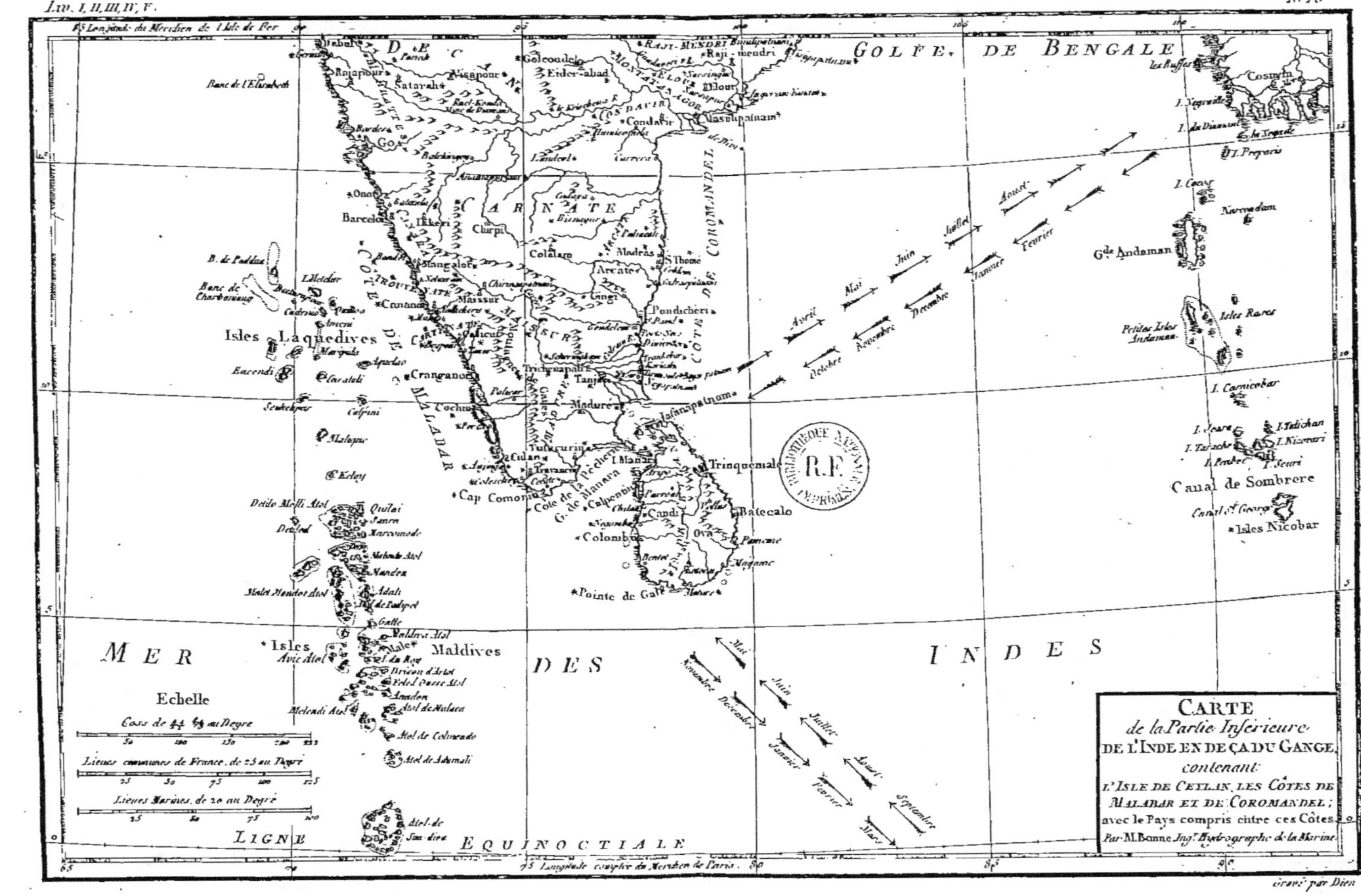
Longitude du Meridien de l'Isle de Fer
GOLFE DE BENGALE
DE C
CARNATE
CÔTE DE COROMANDEL
CÔTE DE MALABAR
MER
DES
INDES
Banc de l'Elisabeth
Banc de Charbonnau
Isles Laquedives
Maldives
Isles
Avic Atol
Deido Molli Atol
Mulet Mondot Atol
Melendi Atol
Goa
Barcelor
Cap Comorin
Côte de la Pecherie
G. de Manara
I. Manar
Trinquemale
Batecalo
Colombo
Candi
Pointe de Galle
Cochin
Cranganor
Madure
Tanja
Trichinapali
Pondicheri
Madras
S. Thome
Arcate
Colalam
Chirpi
Golconde
Eider-abad
Visapour
Rajapour
Satarah
RAJI-MENDRI
Vasulpatnam
Condavir
Jafanapatnam
Cosmin
I. Negraille
I. Preparis
G.de Andaman
Petites Isles Andaman
Isles Rares
I. Carnicobar
Canal de Sombrere
Canal S.t George
Isles Nicobar
Narcondam
I. Cocos
Echelle
Coss de 44 ½ au Degré
Lieues communes de France, de 25 au Degré
Lieues Marines, de 20 au Degré
LIGNE EQUINOCTIALE
Longitude comptée du Meridien de Paris.
Mai
Juin
Juillet
Aout
Janvier
Fevrier
Avril
Decembre
Novembre
Octobre
Novembre
Decembre
Janvier
Fevrier
Juin
Juillet
Aout
Septembre
Mars
CARTE
de la Partie Inferieure
DE L'INDE EN DEÇA DU GANGE,
contenant
L'ISLE DE CEYLAN, LES CÔTES DE
MALABAR ET DE COROMANDEL;
avec le Pays compris entre ces Côtes
Par M. Bonne Ing.r Hydrographe de la Marine
gravé par Dien

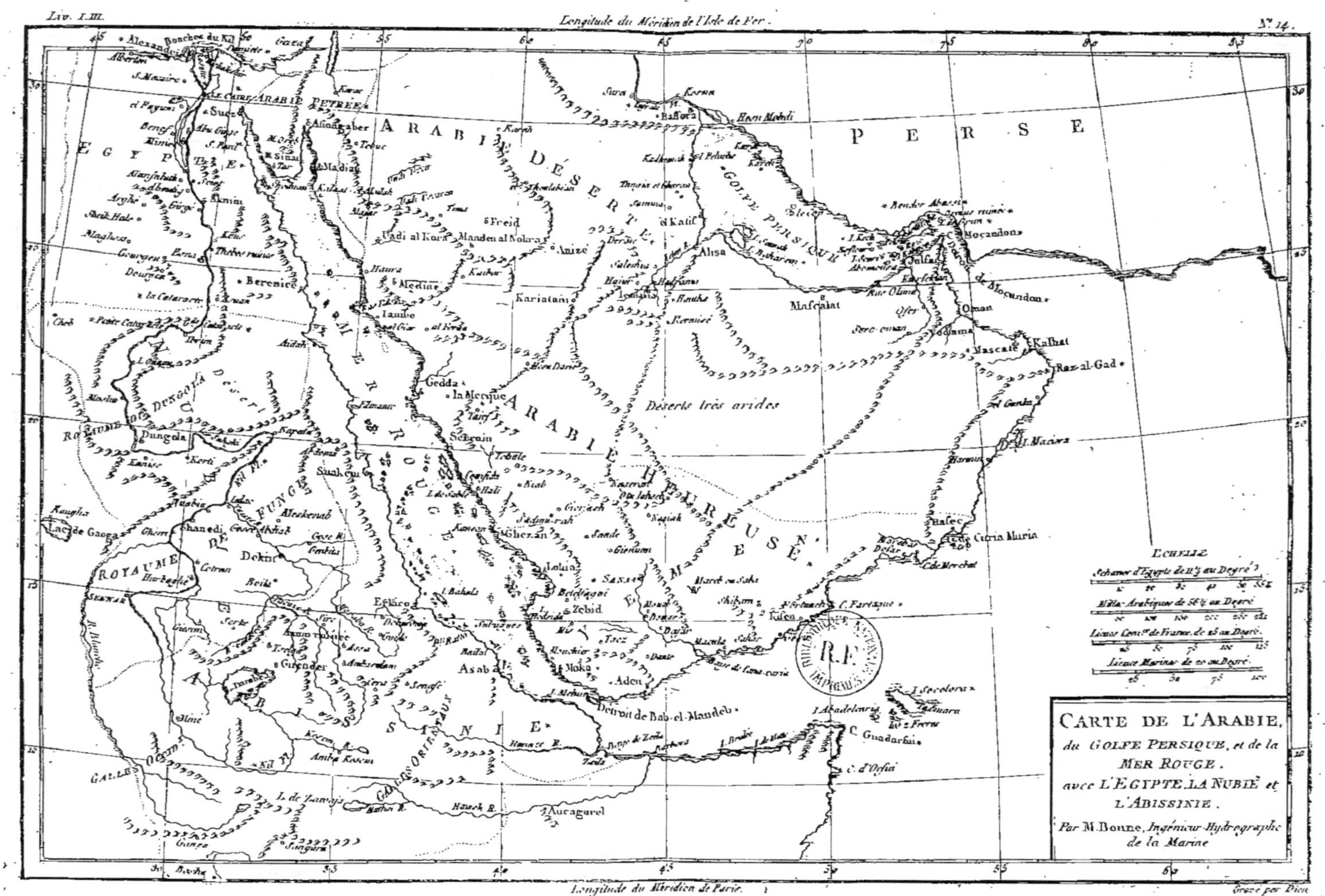
Longitude du Méridien de l'Isle de Fer.
N.° 14.
PERSE
EGYPTE
ARABIE PÉTRÉE
ARABIE DÉSERTE
ARABIE HEUREUSE
ROYAUME DE DUNGOLA
ROYAUME DE SENNAR
FUNGE
ABISSINIE
GALLES ORIENTAUX
GOLFE PERSIQUE
MER ROUGE
Déserts très arides
Désert
Le Caire
Suez
Alexandrie
Bouches du Nil
Damiette
Gazal
Berenice
Medine
Iambo
Gedda
la Mecque
Taif
Sanaa
Zebid
Moka
Aden
Détroit de Bab-el-Mandeb
Mascate
Kalhat
Raz-al-Gad
Oman
Moçandon
Bender Abassi
Mascalat
Bassora
Hasn Mehdi
Korna
Katif
Ahsa
Kariatani
Freid
Dungola
Sennar
Suakem
Lac de Gaoga
Curia Muria
I. Socotora
C. Guadarfui
C. d'Orfui
Aucagurel
Longitude du Méridien de Paris.
Gravé par Dien.
CARTE DE L'ARABIE,
du GOLFE PERSIQUE, et de la
MER ROUGE.
avec L'EGYPTE, LA NUBIE et
L'ABISSINIE.
Par M.Bonne, Ingénieur-Hydrographe
de la Marine.
ECHELLE
Schœnes d'Egypte de 11½ au Degré.
Milla-Arabiques de 58¼ au Degré.
Lieues Comm.es de France de 25 au Degré.
Lieues Marines de 20 au Degré.
R.F.

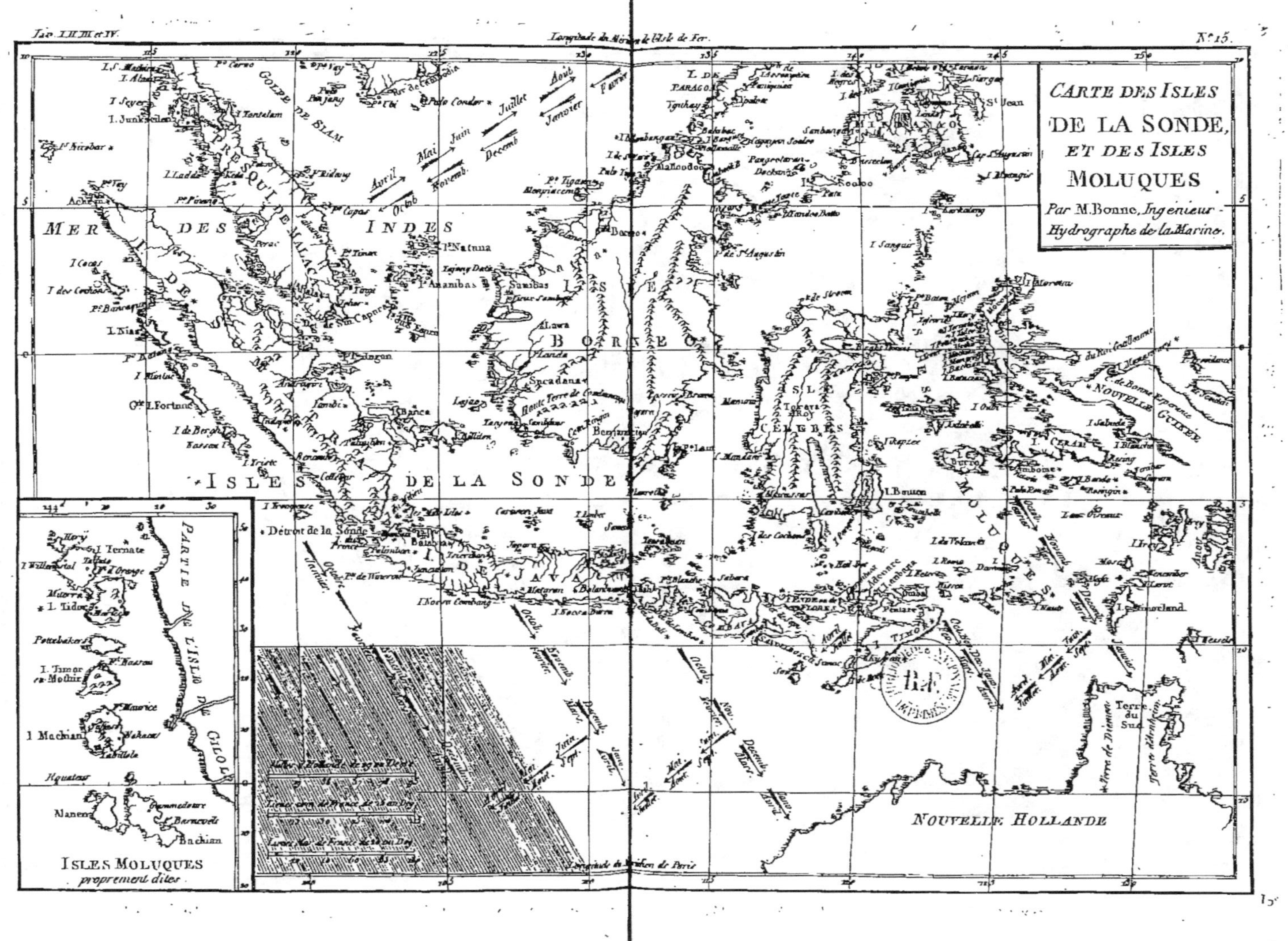

Tab. I. II. III. et IV.
Longitude du Méridien de l'Isle de Fer.
N.° 15.
CARTE DES ISLES DE LA SONDE, ET DES ISLES MOLUQUES
Par M. Bonne, Ingénieur - Hydrographe de la Marine.
MER DES INDES
GOLFE DE SIAM
PRESQU'ISLE DE MALAC
INDES
BORNEO
ISLES DE LA SONDE
ISLE TORAYA HOY CELEBES
MOLUQUES
NOUVELLE GUINEE
JAVA
TIMOR
NOUVELLE HOLLANDE
Terre de Diemen
Terre du Sud
Détroit de la Sonde
Longitude du Méridien de Paris
PARTIE DE L'ISLE DE GILOLO
ISLES MOLUQUES proprement dites
I. Ternate
I. Tidor
I. Timor-ra-Mothir
I. Machian
Bachian
Equateur
Nanem

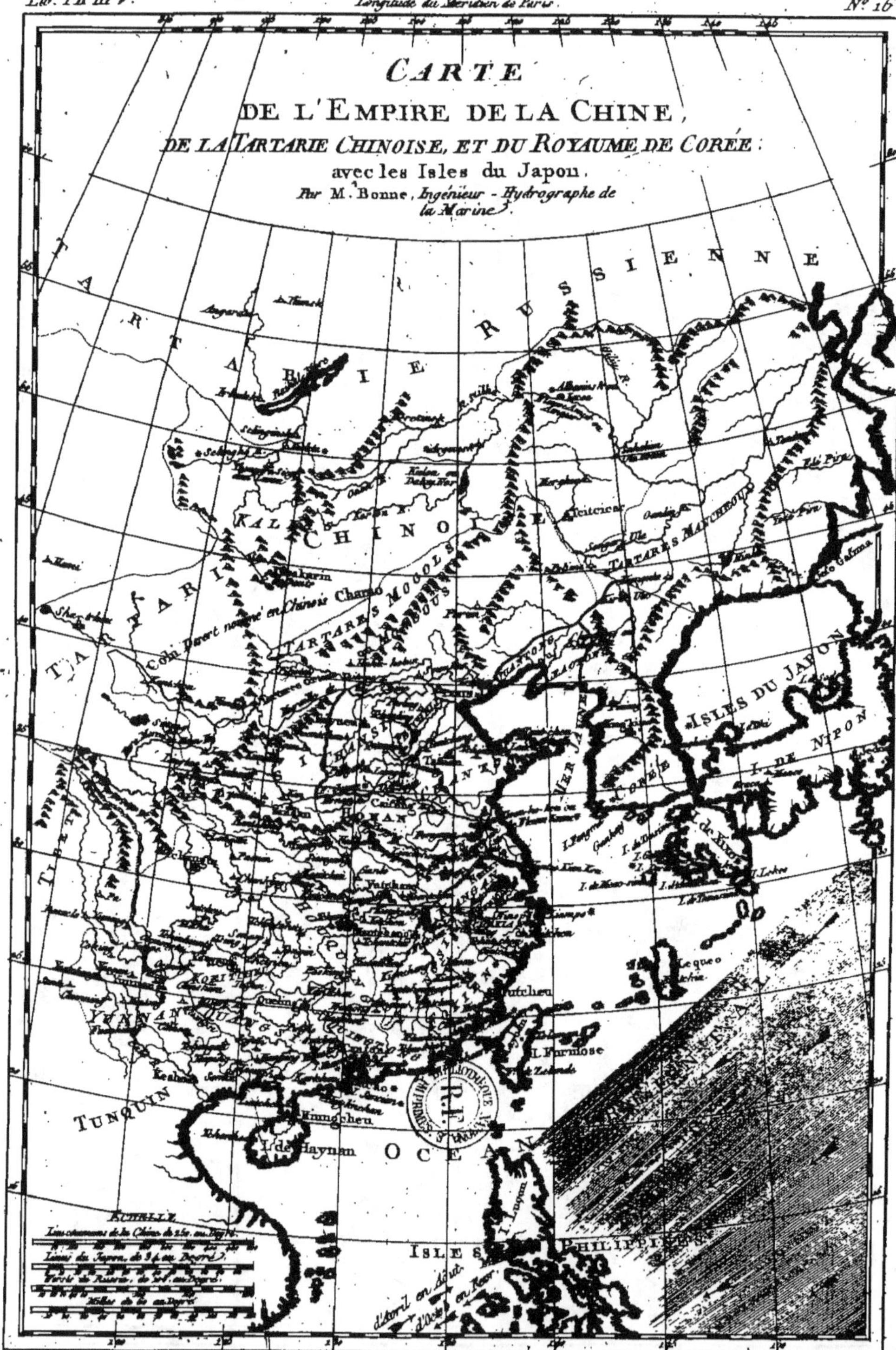
CARTE
DE L'EMPIRE DE LA CHINE,
DE LA TARTARIE CHINOISE, ET DU ROYAUME DE CORÉE:
avec les Isles du Japon.
Par M. Bonne, Ingénieur - Hydrographe de la Marine.
TARTARIE RUSSIENNE
TARTARIE CHINOISE
TARTARES MONGOLS
TARTARES MANCHOUX
ISLES DU JAPON
I. DE NIPON
CORÉE
MER
OCEAN
TUNQUIN
I. de Haynan
I. Formose
Lequeo
ISLES PHILIPPINES
YUNAN
Echelle
Longitude du Meridien de l'Isle de Fer

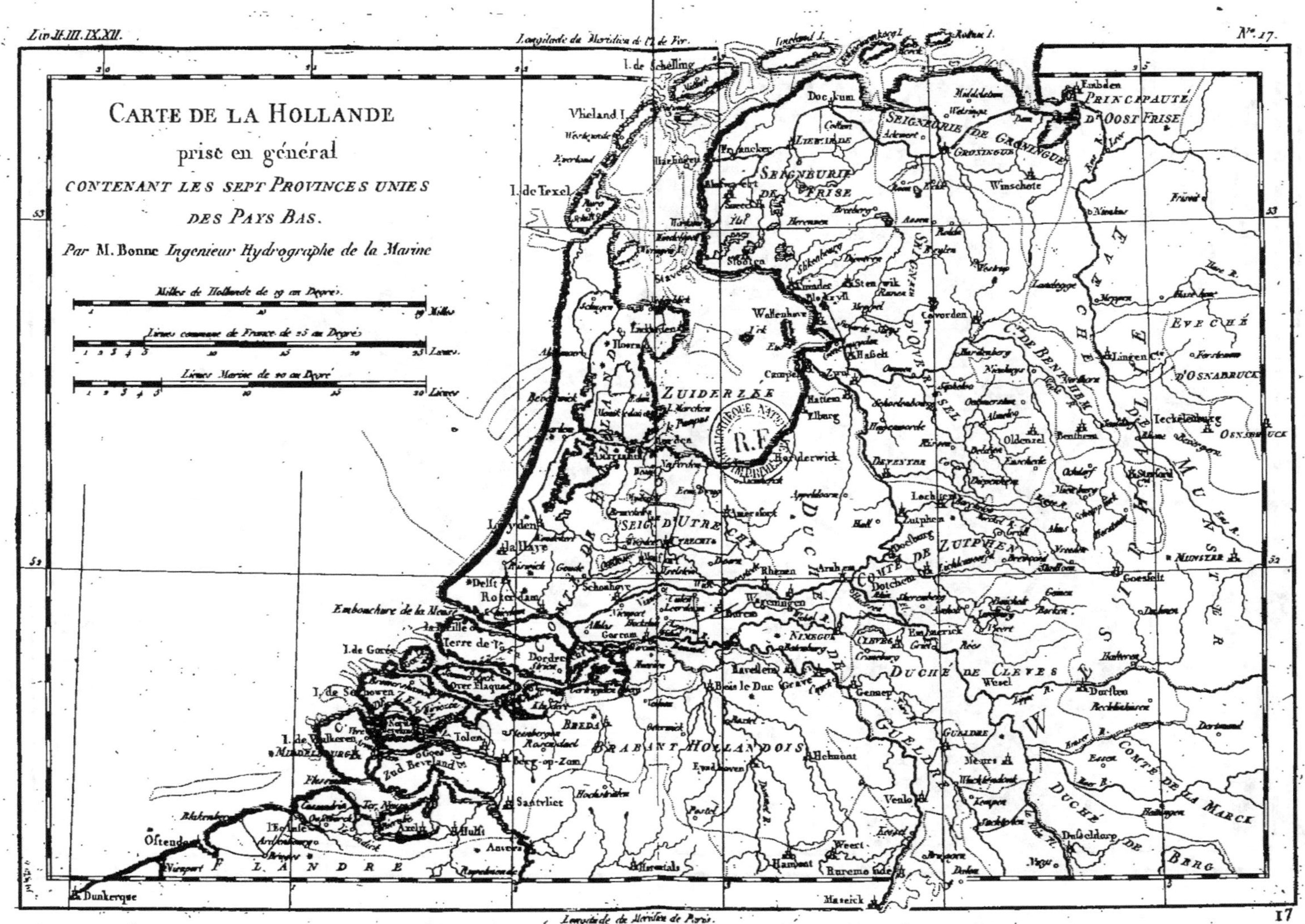
CARTE DE LA HOLLANDE
prise en général
CONTENANT LES SEPT PROVINCES UNIES
DES PAYS BAS.
Par M. Bonne Ingenieur Hydrographe de la Marine
Milles de Hollande de 19 au Degré.
Milles.
Lieues commune de France de 25 au Degré.
Lieues.
Lieues Marine de 20 au Degré.
Lieues.
Longitude du Meridien de l'I. de Fer.
Longitude du Meridien de Paris.
PRINCIPAUTÉ D'OOST FRISE
Embden
SEIGNEURIE DE GRONINGUE
GRONINGUE
Winschote
SEIGNEURIE DE FRISE
I. de Schelling
Vlieland I.
I. de Texel
Doccum
ZUIDERZEE
SEIG. D'UTRECHT
UTRECHT
Leyden
la Haye
Delft
Roterdam
Embouchure de la Meuse
I. de Gorée
Terre de T.
Dordrecht
I. de Schowen
Over Flaquée
ZELANDE
Tolen
MIDDELBURG
Zud Beyrland
Berg-op-Zom
BREDA
BRABANT HOLLANDOIS
Bois le Duc
Santvliet
Anvers
Ostende
Nieuport
FLANDRE
Dunkerque
Maseick
Ruremonde
Venlo
DUCHE DE CLEVES
Wesel
GUELDRE
COMTE DE ZUTPHEN
Arnhem
Nimegue
DUCHE DE GUELDRE
Dusseldorp
COMTE DE LA MARCK
DE BERG
MUNSTER
EVECHÉ DE MUNSTER
EVECHÉ D'OSNABRUCK
OSNABRUCK
Teckelenburg
COMTE DE BENTHEM
Lingen Cté
Coevorden
DEVENTER
Zutphen
Campen
Elburg
Harderwick
Amersfort
Appeldoorn
Gouda
Schoonhoven
Wageningen
Gorcum

CARTE
DES ISLES BRITANNIQUES,
contenant les Royaumes
D'ANGLETERRE; D'ÉCOSSE
ET D'IRLANDE.
Par M. Bonne, Ingénieur-Hydrographe
de la Marine.

ISLES SCHETLAND

ISLES ORCADES

ISLES WESTERNES

MER DU NORD

MER D'ÉCOSSE

MER D'IRLANDE

MER D'ALLEMAGNE

CONNAUGHT

LEINSTER

MUNSTER

Canal St. George

Neuf Aberdeen

Newcastle

DURHAM

North Riding

York

Lindsey

Lincoln

LINCOLN

Hollande

NORFOLK

Norwich

SUFFOLK

I. d'Anglesey

CARDIGAN

Canal de Bristol

DEVON

DORSET

Isle de Wight

LA MANCHE

Cap Cornual

Land's End

I. de Marrye

Sorlingues

Cap Lezard

I. Auvigny

I. Grenesey

I. Jersey

Le Havre

Dieppe

ROUEN

Milles Statuts, de 69 ½ au Degré.
Milles d'usage dans les S.R.mes de 50 au Degré.
Lieues communes de France, de 25 au Degré.
Lieues Marines de 20 au Degré.

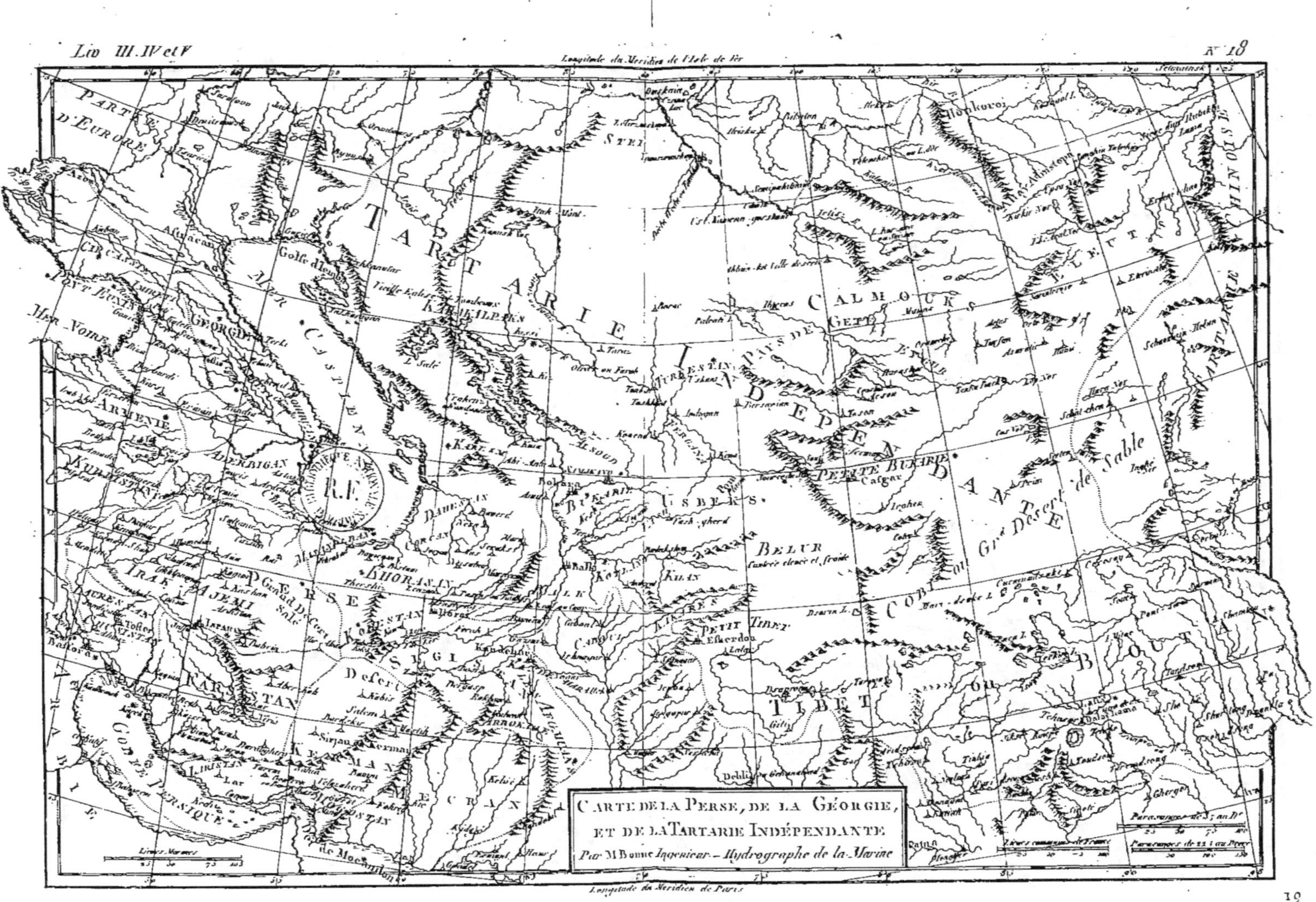
Longitude du Meridien de l'Isle de fer
N° 18
Selensinsk
PARTIE D'EUROPE
TARTARIE
STEI
CALMOUCK
PAYS DE GETE
TURESTIN INDEPENDAN
PETITE BUKARIE
Casgar
USBERS
BELUR
KIRES
PETIT TIBET
Eskerdou
COBI ou Gd Desert de Sable
DAN
TIBET ou BOUT
CHINOISE
Mer Caspienne
Golfe d'Enzeli
KARAKALPAKS
GEORGIE
CIRCASSIE
Mer Noire
ARMENIE
DAGESTAN
KURDISTAN
DERBIGAN
PERSE
KHORASAN
IRAK AJEMI
KOBESTAN
BELUR
Sombre eleve et froide
MEKRAN
KERMAN
LARISTAN
GOLFE PERSIQUE
Golfe de Moscation
BIBLIOTHEQUE NATIONALE R.F.
CARTE DE LA PERSE, DE LA GÉORGIE,
ET DE LA TARTARIE INDÉPENDANTE
Par M Bonne Ingenieur - Hydrographe de la Marine
Lieues Marines
Lieues communes de France
Parasanges de 3; au D°
Parasanges de 22; au Deg°
Longitude du Meridien de Paris

Longitude du Méridien de l'Isle de Fer.

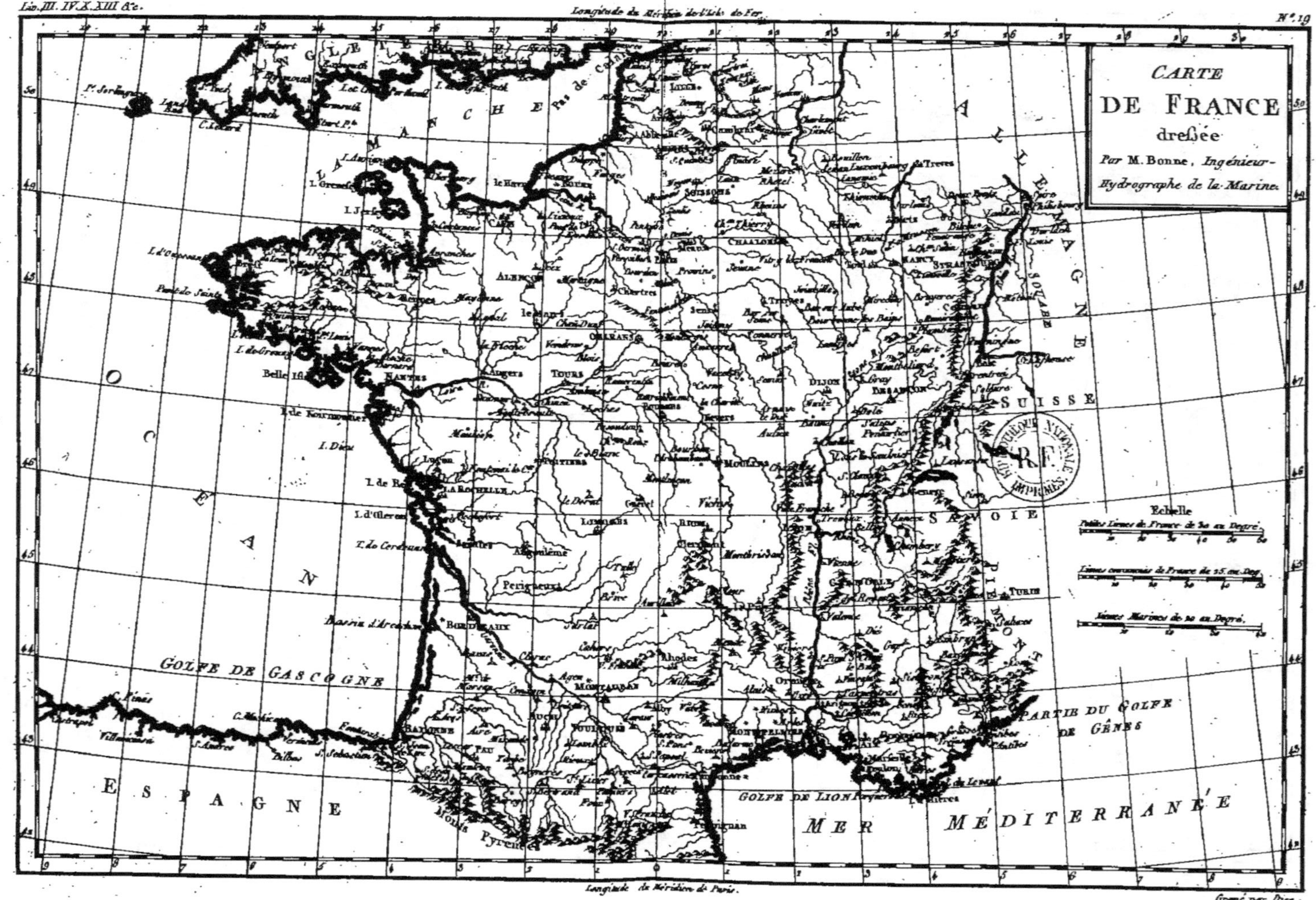

20.

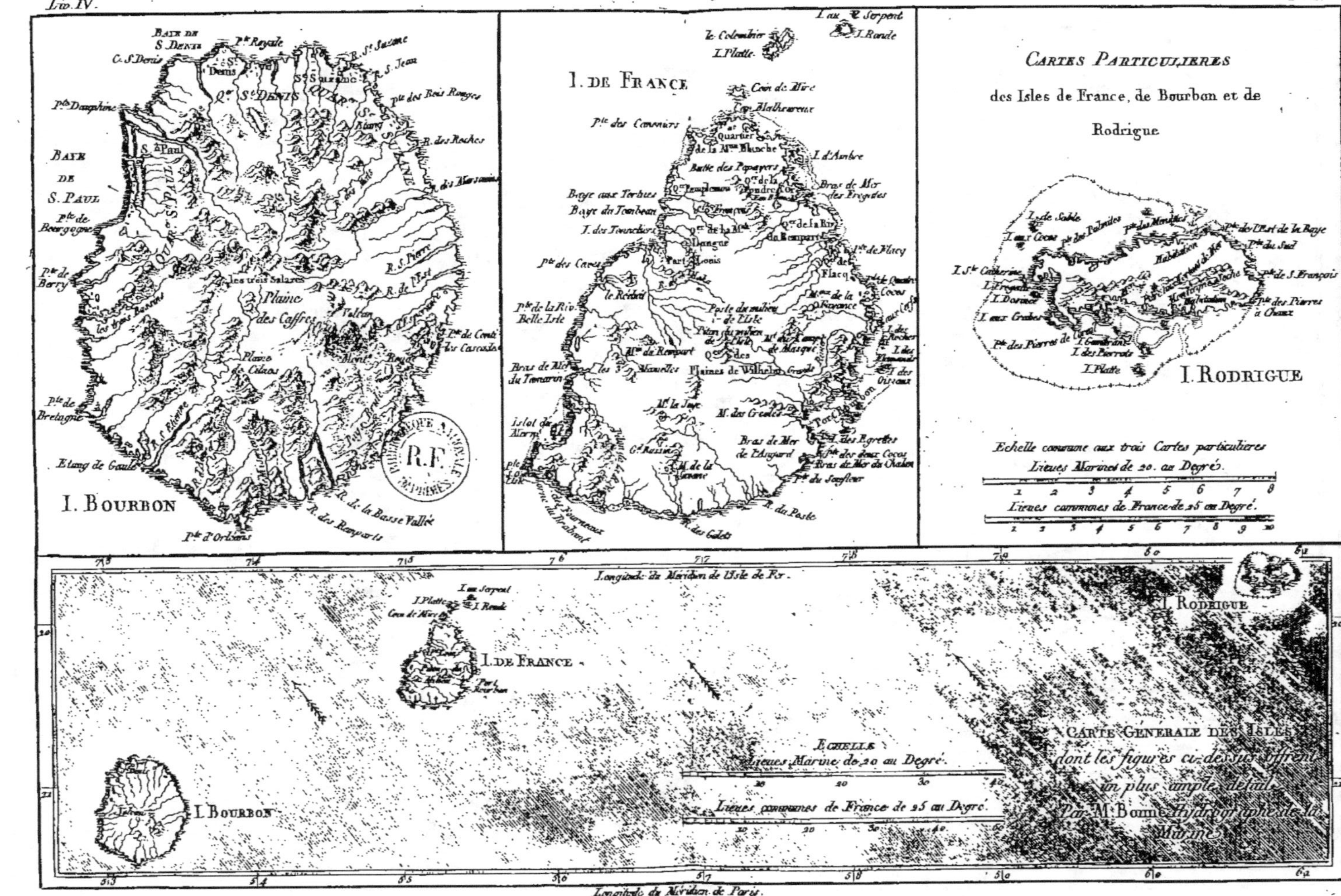
I. BOURBON
BAYE DE S. DENIS
C. S. Denis
Pte Royale
Pte Dauphine
BAYE DE S. PAUL
S. Paul
Pte de Bourgogne
Pte de Berry
Pte de Bretagne
Etang de Goule
Pte d'Orléans
S. Suzanne
R. S. Jean
pte des Bois Rouges
R. des Roches
R. S. Pierre
R. de l'Est
Plaine des Caffres
Plaine de Cilaos
R. de la Basse Vallée
R. des Remparts
R.F.
I. DE FRANCE
le Colombier
I. Platte
I. au Serpent
I. Ronde
Con de Mire
Cap Malheureux
I. d'Ambre
Pte des Canoniers
Quartier de la Mne Blanche
Batte des Papayers
Qer de la Riv. du Rempart
Bras de Mer des Frégates
Baye aux Tortues
Baye du Tombeau
J. des Tonneliers
le Réduit
Port Louis
Pte des Caves
Pte de la Riv. Belle Isle
Pte de Flacq
Flacq
Plaines de Wilhems Grand
Bras de Mer du Tamarin
Islot du Moru
Mes des Creoles
Bras de Mer de l'Angard
Bras de Mer du Chalan
Pte du Souffleur
R. du Poste
CARTES PARTICULIERES
des Isles de France, de Bourbon et de
Rodrigue
I. RODRIGUE
I. de Sable
I. aux Cocos
Pte des Palmistes
Pte du Sud
Pte de l'Est de la Baye
I. Ste Catherine
I. Frégate
I. Dormeur
I. aux Crabes
Pte des Pierres
I. Gombrani
I. des Pierrots
I. Platte
Pte S. François
Pte des Pierres à Chaux
Echelle commune aux trois Cartes particulières
Lieues Marines de 20 au Degré.
1 2 3 4 5 6 7 8
Lieues communes de France de 25 au Degré.
1 2 3 4 5 6 7 8 9 10
Longitude du Méridien de l'Isle de Fer.
I. au Serpent
I. Platte
I. Ronde
Con de Mire
I. DE FRANCE
Port Louis
I. DE FRANCE
I. BOURBON
I. RODRIGUE
ECHELLE
Lieues Marine de 20 au Degré.
10 20 30
Lieues communes de France de 25 au Degré.
10 20 30 40
CARTE GÉNÉRALE DES ISLES
dont les figures ci-dessus offrent
un plus ample detail.
Par Mr Bonne Hydrographe de la
Marine.
Longitude du Méridien de Paris.

LE NORD DE L'EUROPE,
Contenant
LE DANEMARK LA NORWEGE,
LA SUEDE ET LA LAPONIE
avec la Majeure Partie
de la Russie Européenne
Par M. BONNE,
Ingénieur-Hydrogr.
de la Marine

MER GLACIALE

DISTRICT DE KOLA

Cercle Polaire

M. BLANCH.

Archang.

D'ARCHANGEL

GOUVERN. D'ARCHANGEL

PECZORA

WIATKA

GOUVERN. DE CAZAN

MOSKOU

GOUVERN. DE MOSKOU

D Wolodimer

Arsamas

GOUVERN. DE NOWGOROD

LES MORDWATES

SMOLENSKO

GOUVER.

LITHUANIE

Wilna

PRUSSE

Konigsberg

Dantzik

POMERANIE

MER BALTIQUE

HOLSTEIN

Hambourg

GOLFE DE FINLAND

Petersbourg

Revel

Riga

Wologda

Jaroslawl

NOWGOROD

Nowgorod Weski

WELIKI LUKI

Twer

BALTIQUE

GOUVERN. DE DRONTHEIM

GOLFE DE BOSNIE

Miles de Suède de 10 ⅔ au Degré.
Lieues de Pologne de 22 ½ au Degré.
Lieues de Danemark de 3 ⅓ au Degré.
Verts de 15 ⅘ au Degré.
Lieues communes de France de 25 au Degré.
Lieues Marines de 20 au Degré.

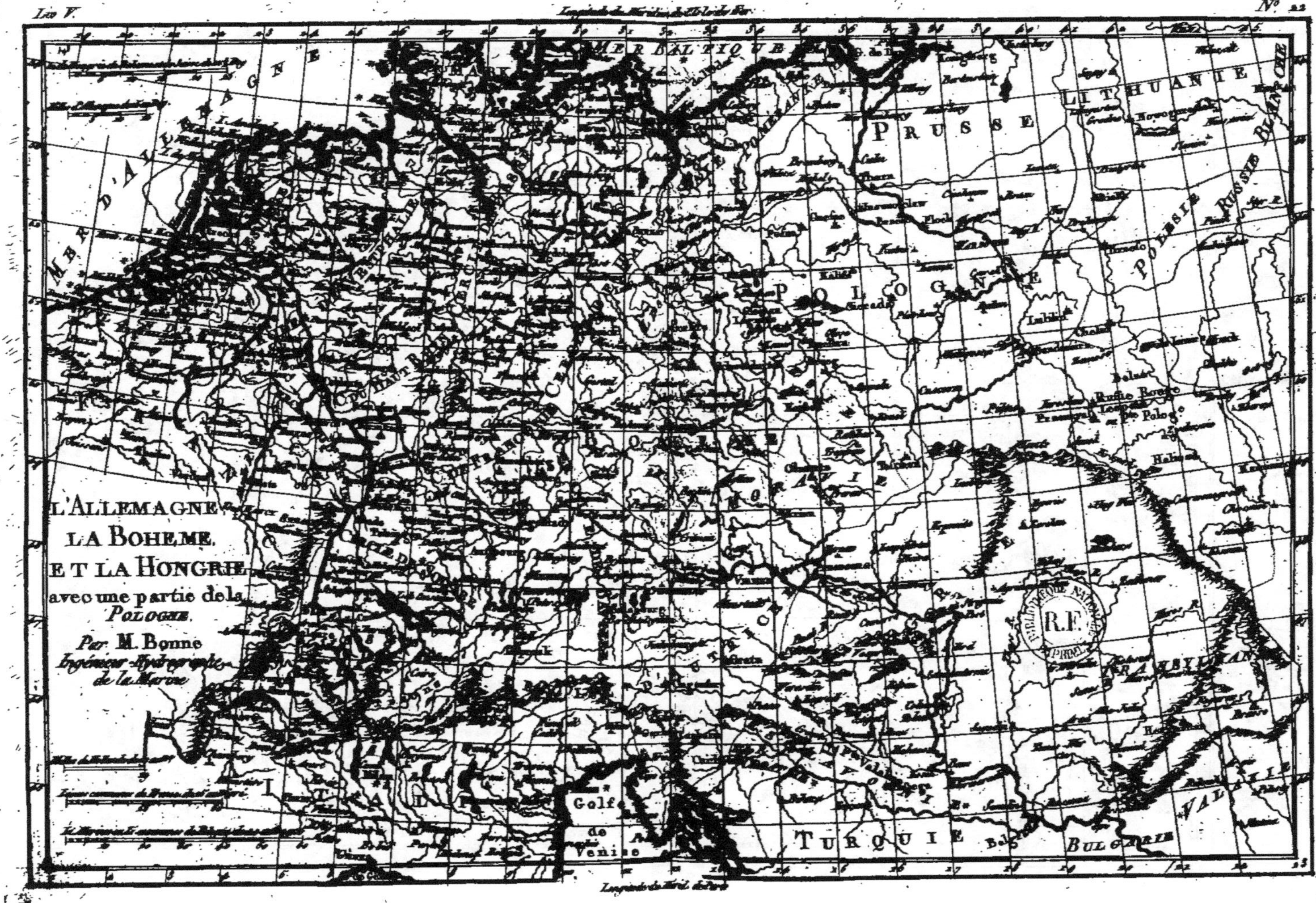
L.v V.
Longitude du Méridien de Tolède de Fer.
Nº 22
MER D'ALLEMAGNE
MER BALTIQUE
PRUSSE
LITHUANIE
RUSSIE BLANCHE
POLOGNE
POLESIE
RUSSIE
L'ALLEMAGNE
LA BOHEME.
ET LA HONGRIE
avec une partie de la
POLOGNE.
Par M. Bonne
Ingénieur Hydrographe
de la Marine.
BIBLIOTHEQUE NATIONALE
R.F.
PARIS
Golfe
de
Venise
TURQUIE
BULGARIE
Longitude du Méridien du Pard.
23

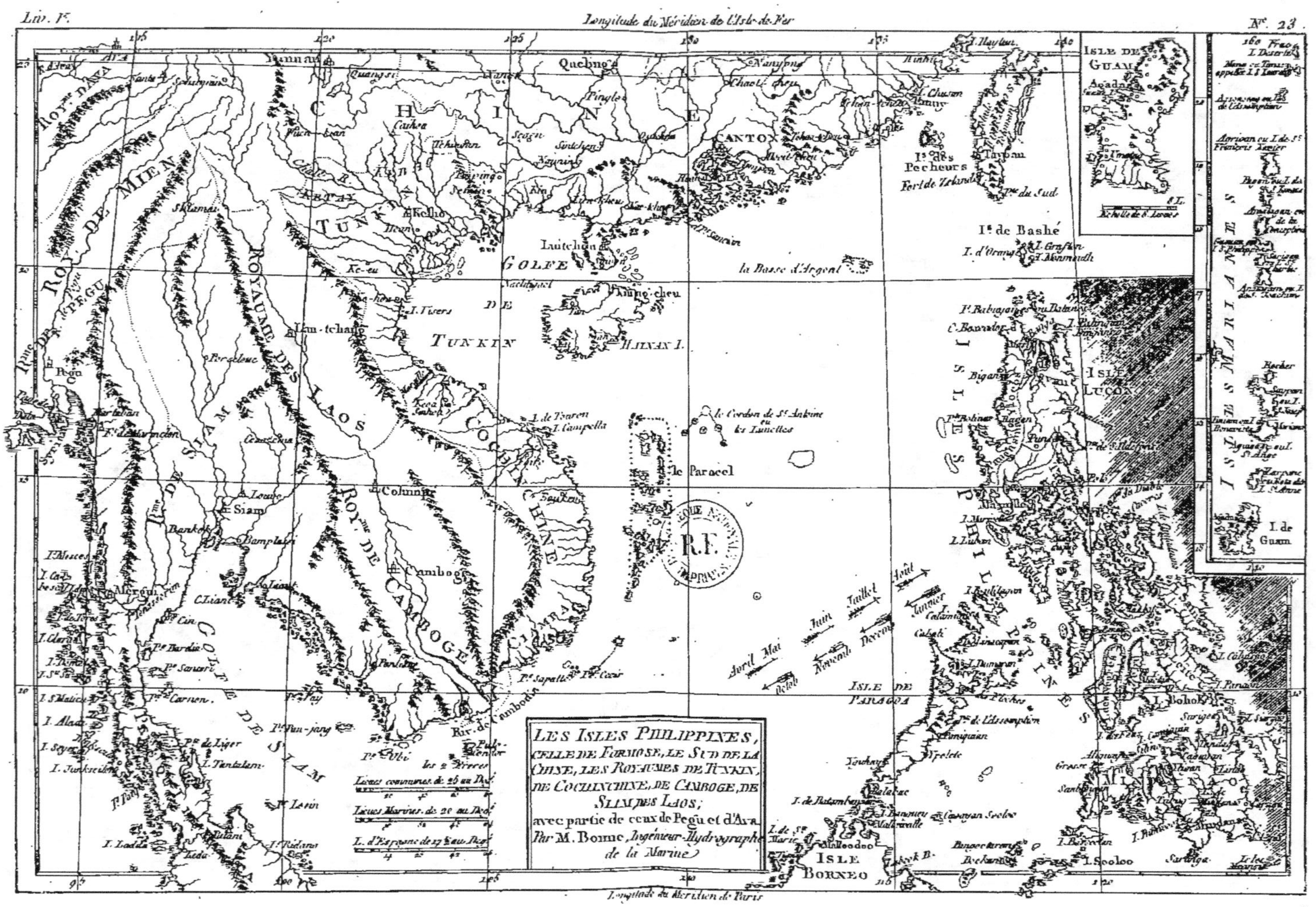
LES ISLES PHILIPPINES,
CELLE DE FORMOSE, LE SUD DE LA
CHINE, LES ROYAUMES DE TUNKIN,
DE COCHINCHINE, DE CAMBOGE, DE
SIAM, DES LAOS;
avec partie de ceux de Pegu et d'Ava.
Par M. Bonne, Ingénieur-Hydrographe
de la Marine.
ROY. D'AVA
ROY. DE MIEN
Rme. de Pegu
ROYAUME DES LAOS
COSTE DE SIAM
ROY. DE SIAM
GOLFE DE SIAM
ROY. DE CAMBOGE
COCHINCHINE
CHINE
TUNKIN
GOLFE DE TUNKIN
HAINAN I.
la Basse d'Argent
le Paracel
le Cordon de St. Antoine ou les Lunettes
ISLES PHILIPPINES
ISLE LUCON
ISLE DE PARAGOA
ISLE BORNEO
I. de Bashé
Is. des Pecheurs
Fort de Zelande
ISLE DE GUAM
ISLES MARIANES
I. de Guam
Pegu
Siam
Bankok
Mergui
Columpe
Camboge
Quangsi
Canton
Lau-tchang
Lauchou
Quei
Echelle de 8 Lieues
Lieues communes de 25 au Deg.
Lieues Marines de 20 au Deg.
L. d'Espagne de 17 au Deg.
Avril Mai Juin Juillet Aout
Longitude du Méridien de Paris

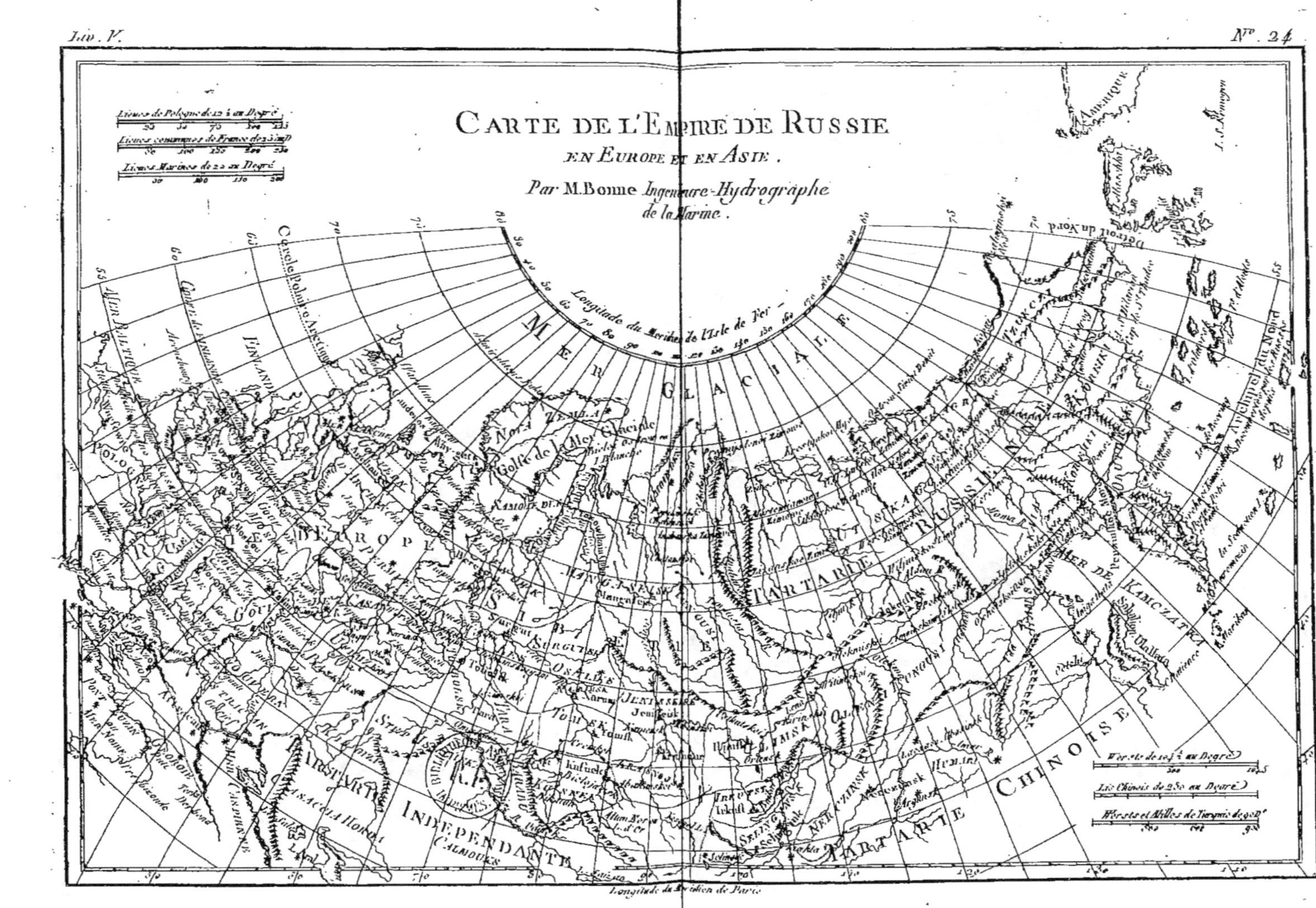
CARTE DE L'EMPIRE DE RUSSIE
EN EUROPE ET EN ASIE.
Par M. Bonne Ingenieur-Hydrographe
de la Marine.
Lieues de Pologne de 12 à au Degré
Lieues communes de France de 25 au D.
Lieues Marines de 20 au Degré
Longitude du Meridien de l'Isle de Fer
Longitude du Meridien de Paris
MER GLACIALE
MER BALTIQUE
Golfe de Finlande
Cercle Polaire o Arctique
FINLANDE
EUROPE
RUSSIE
Nova ZEMLA
Golfe de la Mer Glaciale
MER CASPIENNE
TARTARIE INDEPENDANTE
(KALMOUKS)
SIBERIE
TARTARIE RUSSE
TARTARIE CHINOISE
MER DE KAMCZATKA
Archipel du Nord
Détroit du Nord
AMERIQUE
J. C. Kemogen
Iemsseisk
Tobolsk
Tomsk
Irkutsk
Nerczinsk
Tzucki
Verstes de 104 ½ au Degré
Lis Chinois de 250 au Degré
Versts et Milles de Turquie de 90 D.

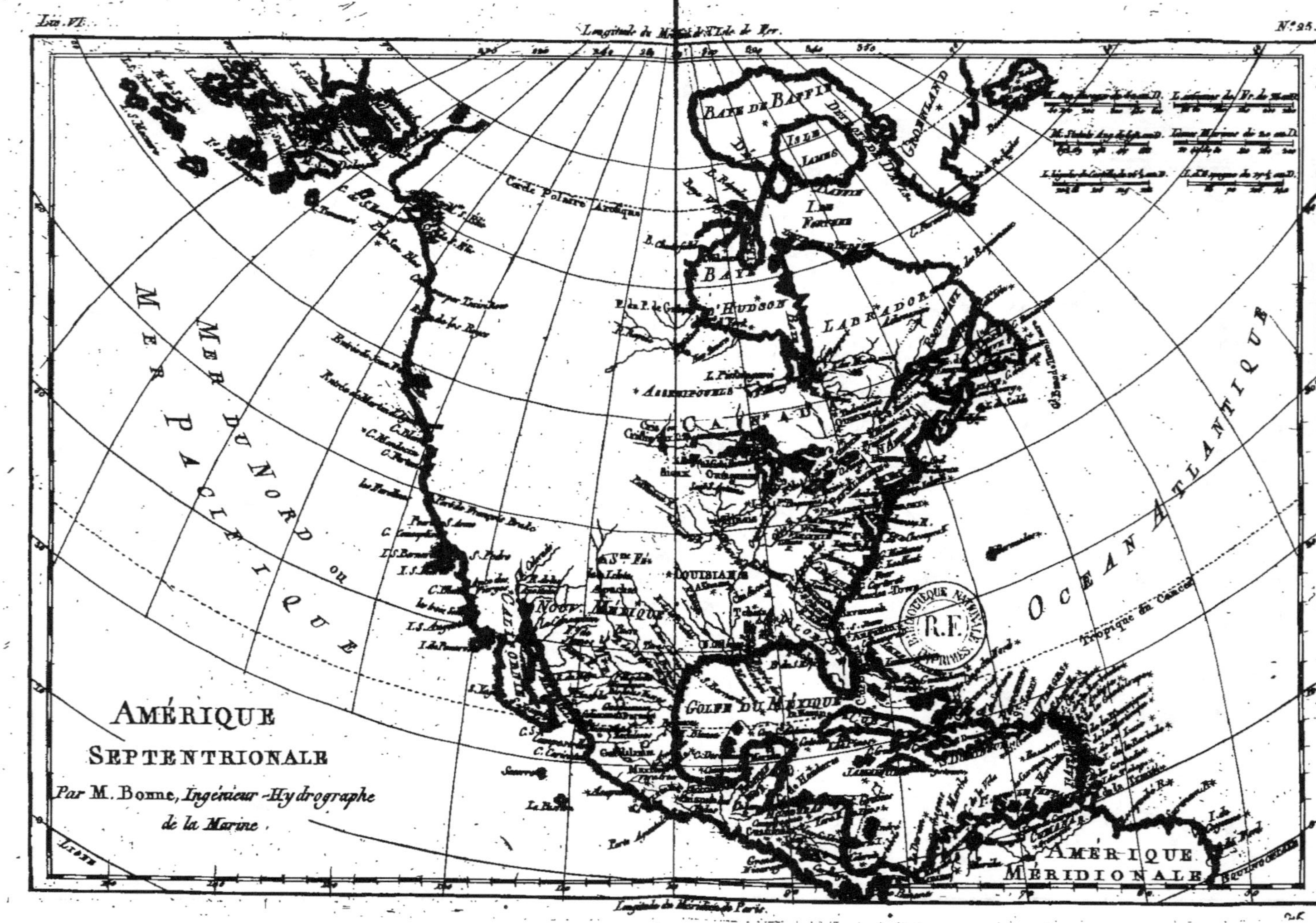

Liv. VI.
N.º 25.
Longitude du Méridien de l'Isle de Fer.
AMÉRIQUE
SEPTENTRIONALE
Par M. Bonne, Ingénieur-Hydrographe
de la Marine
MER DU NORD ou MER PACIFIQUE
OCÉAN ATLANTIQUE
BAYE DE BAFFIN
DÉTROIT DE DAVIS
GROENLAND
ISLE LAMBS
BAYE D'HUDSON
LABRADOR
CANADA
Cercle Polaire Arctique
ASSENIPOUELS
LOUISIANE
Nouv. MEXIQUE
CALIFORNIE
GOLFE DU MEXIQUE
Tropique du Cancer
AMÉRIQUE
MÉRIDIONALE
Longitude du Méridien de Paris.

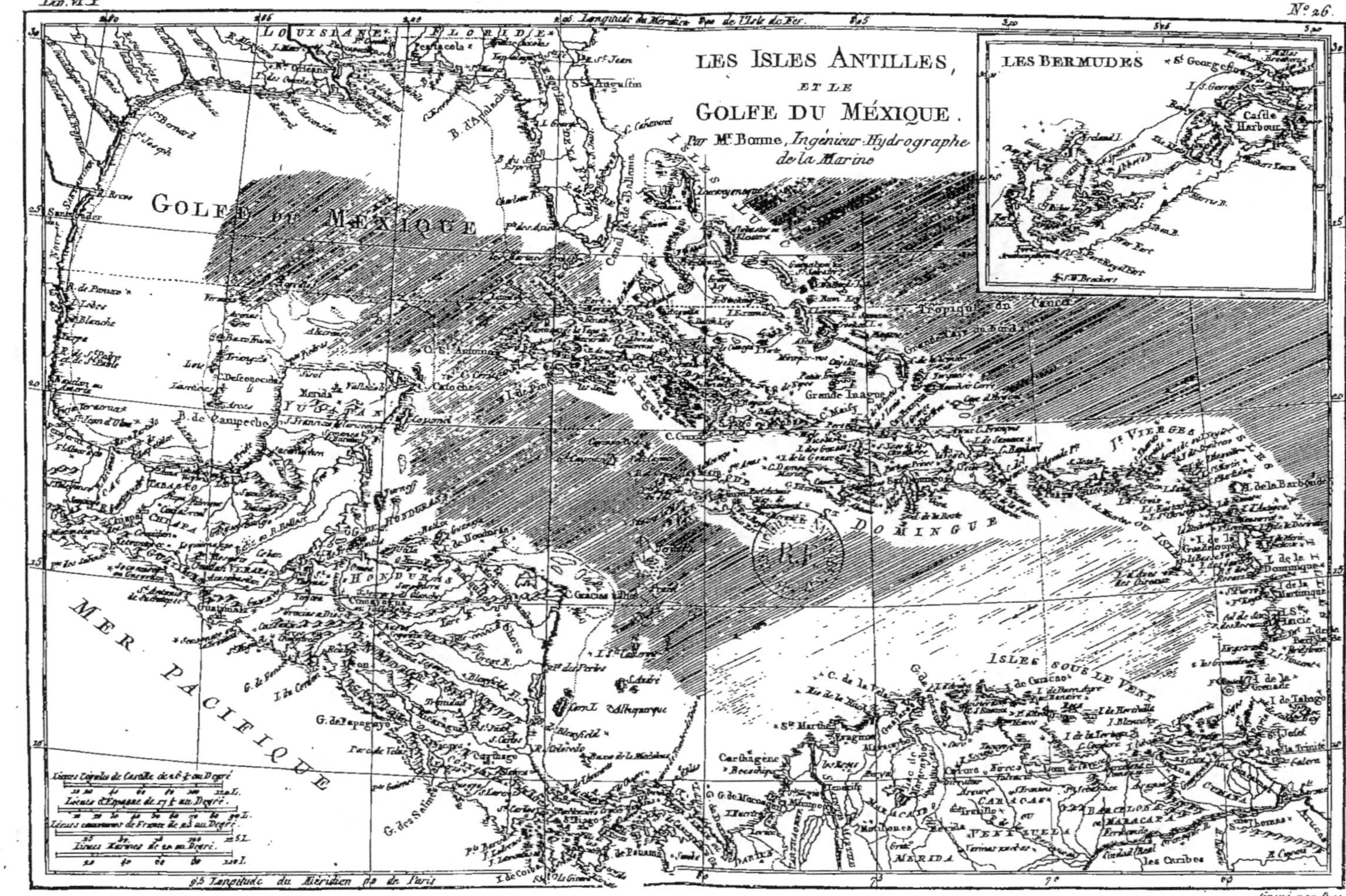
LES ISLES ANTILLES,
ET LE
GOLFE DU MÉXIQUE.
Par M.r Bonne, Ingénieur-Hydrographe de la Marine
LES BERMUDES
GOLFE DU MÉXIQUE
MER PACIFIQUE
LOUISIANE
FLORIDE
YUCATAN
HONDURAS
G.fe DE HONDURAS
St. DOMINGUE
ISLES SOUS LE VENT
ISLES VIERGES
CARACAS
VENEZUELA
MERIDA
Longitude du Méridien o.o de l'Isle de Fer.
Longitude du Méridien o.o de Paris

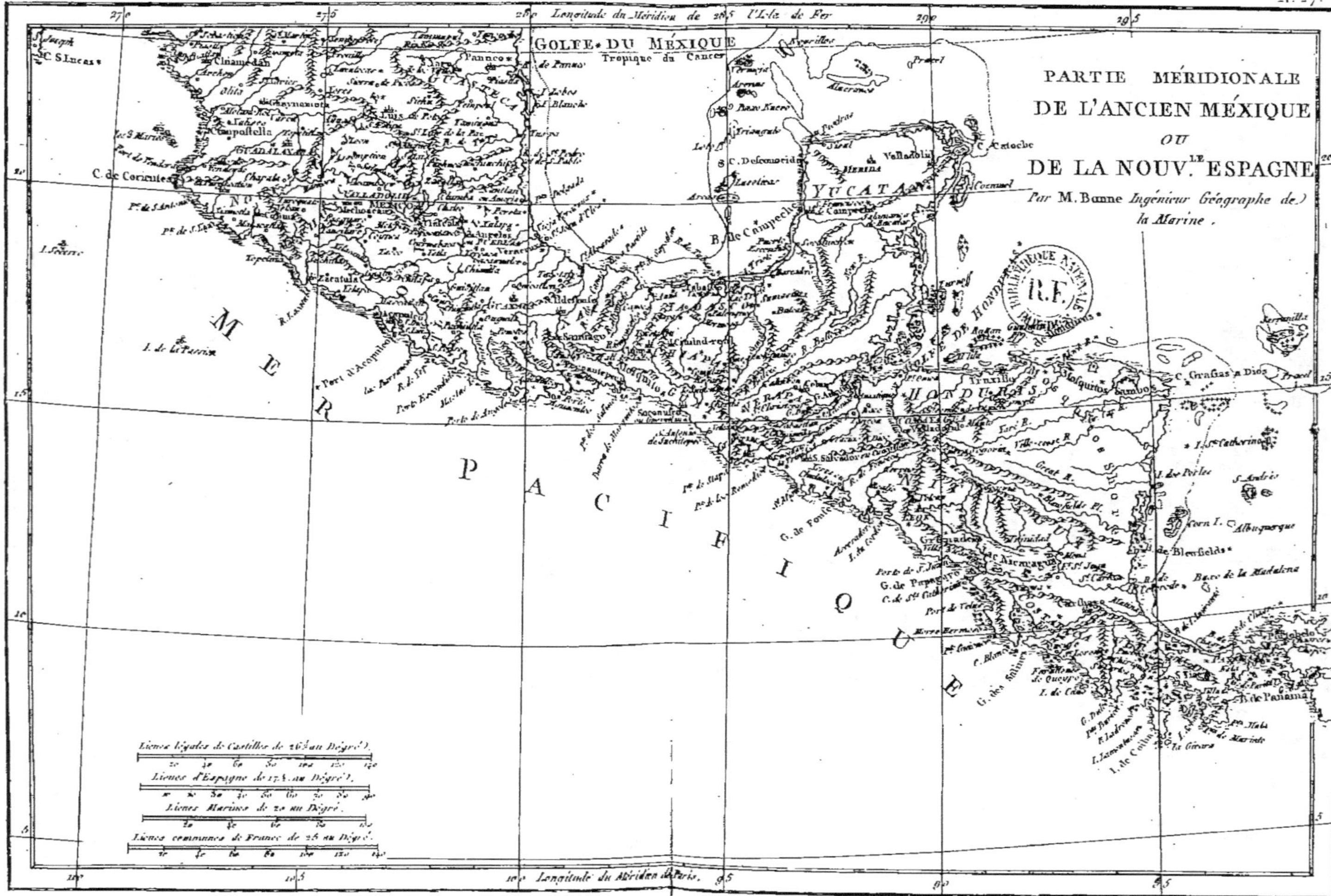

PARTIE MÉRIDIONALE
DE L'ANCIEN MÉXIQUE
OU
DE LA NOUV.LE ESPAGNE
Par M. Bonne Ingénieur Géographe de
la Marine.

Longitude du Méridien de 28,5 l'Isle de Fer
GOLFE DU MÉXIQUE
Tropique du Cancer
YUCATAN
B. de Campeche
MER
PACIFIQUE
HONDURAS
GOLFE DE HONDURAS
C. Gratias a Dios
G. de Fonseca
C. de Corientes
C. S.t Lucas
MÉXICO
GUADALAXARA
GUATECA
Port d'Acapulco
I. de la Passion
Valladolid
C. Catoche
Cozumel
Corn I.
Albuquerque
I. de Bleufields
Baxo de la Madalena
I. S.t Catherine
S. Andrés
COSTA RICA
I. de Panama
Longitude du Méridien de Paris.

Lieues légales de Castille de 26½ au Degré.
Lieues d'Espagne de 17½ au Degré.
Lieues Marines de 20 au Degré.
Lieues communes de France de 25 au Degré.

Gravé par Perrier

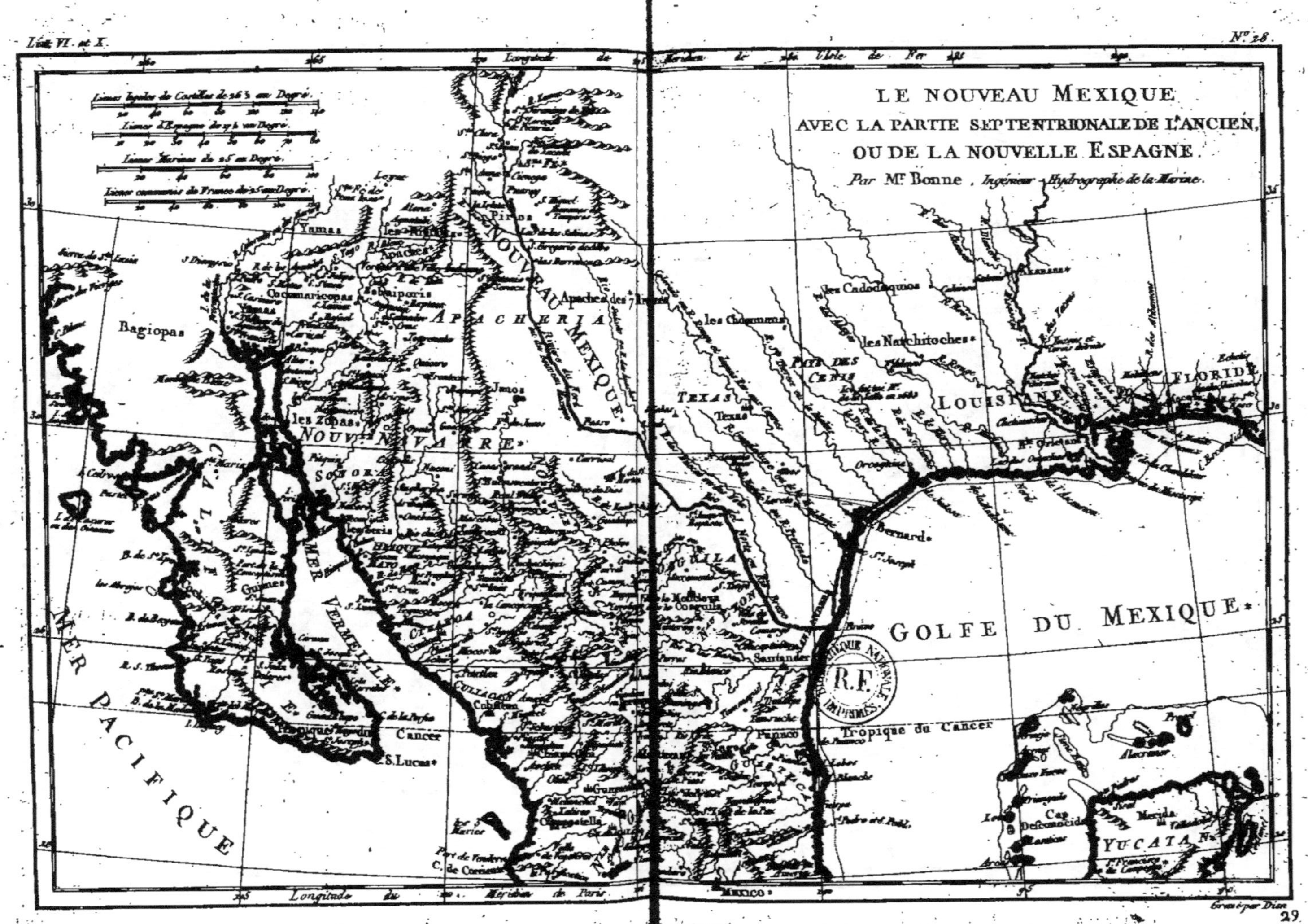
L. V. VI. et X.
N.º 28
LE NOUVEAU MEXIQUE
AVEC LA PARTIE SEPTENTRIONALE DE L'ANCIEN,
OU DE LA NOUVELLE ESPAGNE.
Par Mr Bonne, Ingénieur-Hydrographe de la Marine.
Lieues Itinéraires des Cortès de 26 ½ au Degré.
Lieues d'Espagne de 17 ½ au Degré.
Lieues Marines de 25 au Degré.
Lieues communes de France de 25 au Degré.
MER PACIFIQUE
MER VERMEILLE
CALIFORNIE
Cancer
S. Lucas
Tropique du Cancer
NOUVEAU MEXIQUE
APACHERIA
Apaches des 7 Rivieres
NOUVELLE NAVARRE
SONORA
les Zopas
Bagiopas
Yamas
Pimas
GOLFE DU MEXIQUE
TEXAS
LOUISIANE
FLORIDE
PAYS DES CENIS
les Natchitoches
les Cadodaquios
les Chaouanons
Bernard
Orcoquisac
N. Orleans
Santander
Tropique du Cancer
YUCATAN
Cap Descomoxido
Merida
Mexico
Longitude du Méridien de l'Isle de Fer
Longitude du Méridien de Paris
Gravé par Dien
29

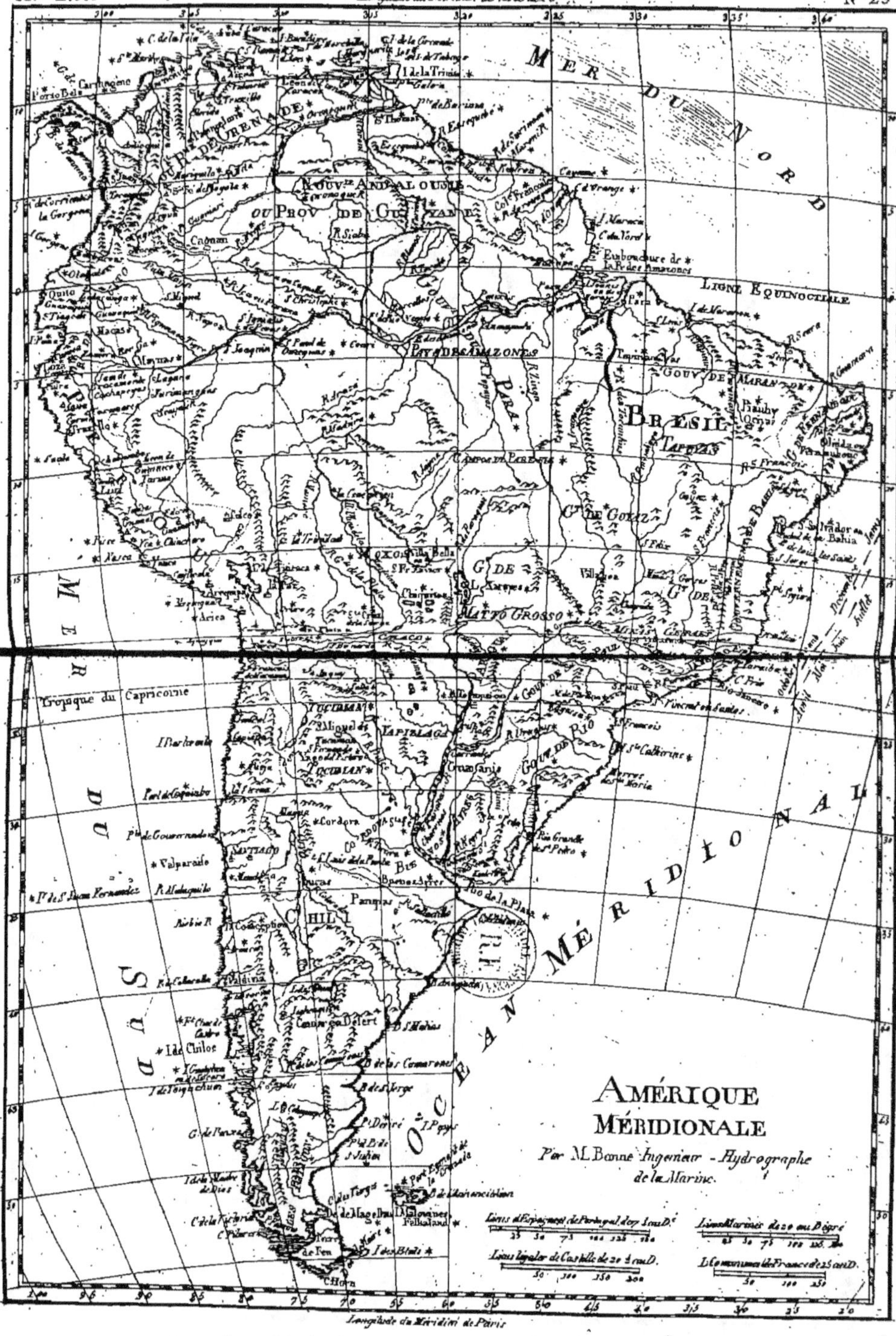

MER DU NORD
MER DU SUD
OCÉAN MÉRIDIONAL
LIGNE ÉQUINOCTIALE
Tropique du Capricorne
Longitude au Méridien de l'Isle de Fer
Longitude du Méridien de Paris
NOUV.le ANDALOUSIE
OU PROV. DE GUYANE
PAYS DES AMAZONES
GOUV. DE GRENADE
GOUV. DE MARAN.on
BRESIL
TAPUYAS
C.te DE GOYAZ
G. DE
MATTO GROSSO
GOUV. DU RIO
TUCUMAN
TAPIBLA G.al
CUCUMAN
CHILI
PARAGUAY
PERU
Quito
S.t Iago
Carthagène
Porto Belo
Cayenne
Para
Pernambuco
S. Salvador ou
le Saint de la Bahia
S. Catherine
Rio de la Plata
Buenos Ayres
S.t Iago
Valparaiso
Cordova
Valdivia
I. de Chiloe
I. de los Estados
C. Horn
D. de Magellan
Tierra del Fuego
AMÉRIQUE
MÉRIDIONALE
Par M. Bonne Ingénieur - Hydrographe
de la Marine.
Lieues d'Espagne et de Portugal d'17 1 au D.é
25   50   75   100   125   150
Lieues Marines de 20 au Degré
25   50   75   100   125   150
Lieues légales de Castille de 20 1 au D.
50   100   150   200
Lieues communes de France de 25 au D.
50   100   150

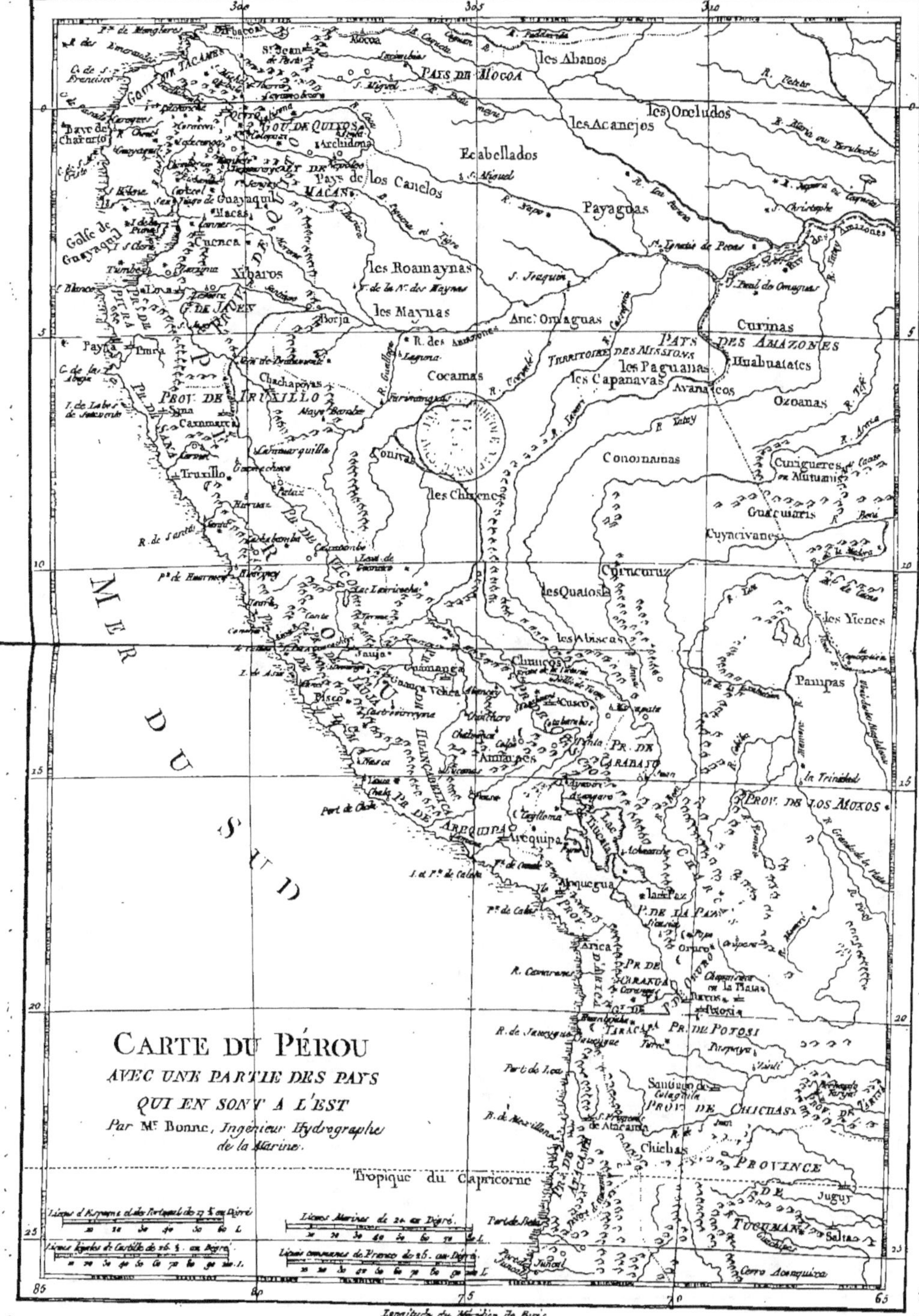

Carte du Pérou
avec une partie des pays
qui en sont a l'est
Par M.r Bonne, Ingénieur Hydrographe
de la Marine.

MER DU SUD

PAYS DU MOCOA
les Abanos
les Orcludos
les Acanejos
Ecabellados
Payaguas
Pays de los Canelos
les Roamaynas
les Maynas
Anc. Omaguas
Curinas
PAYS DES AMAZONES
TERRITOIRE DES MISSIONS
les Paguanas
les Capanavas
Avanacos
Huabuatates
Ozoanas
Cocamas
Conomainas
Cuniqueres
Guacuiaris
Cuyacivanes
les Chunenes
Chincuruz
desQuatosis
les Yienes
les Abiscas
Pampas
Chincros
Cusco
PROV. DE LOS MOXOS
la Trinidad
PR. DE CARABAJA
Arequipa
PROV. DE AREQUIPA
PROV. DE LA PAZ
Oruro
PR. DE CHARCAS
PR. DE POTOSI
PROV. DE CHICHAS
Chichas
PROVINCE
DE
TUCUMAN
Salta
Juguy

Golfe de Guayaquil
S.t Jago de Guayaquil
Macas
Cuenca
Xibaros
GOU. DE QUIXOS
Archidona
MACAN
Borja
Payta
Piura
PROV. DE TRUXILLO
Chachapoyas
Caxamarca
Truxillo
GOU DE TACAME
PROV. DE PIURA

CARTE DU PÉROU
AVEC UNE PARTIE DES PAYS
QUI EN SONT A L'EST
Par M.r Bonne, Ingénieur Hydrographe
de la Marine.

Tropique du Capricorne

Lieues d'Espagne et des Portugal de 17 ½ au Degré.
Lieues Marines de 20 au Degré.
Lieues legales de Castille de 26 ⅔ au Degré.
Lieues communes de France de 25 au Degré.

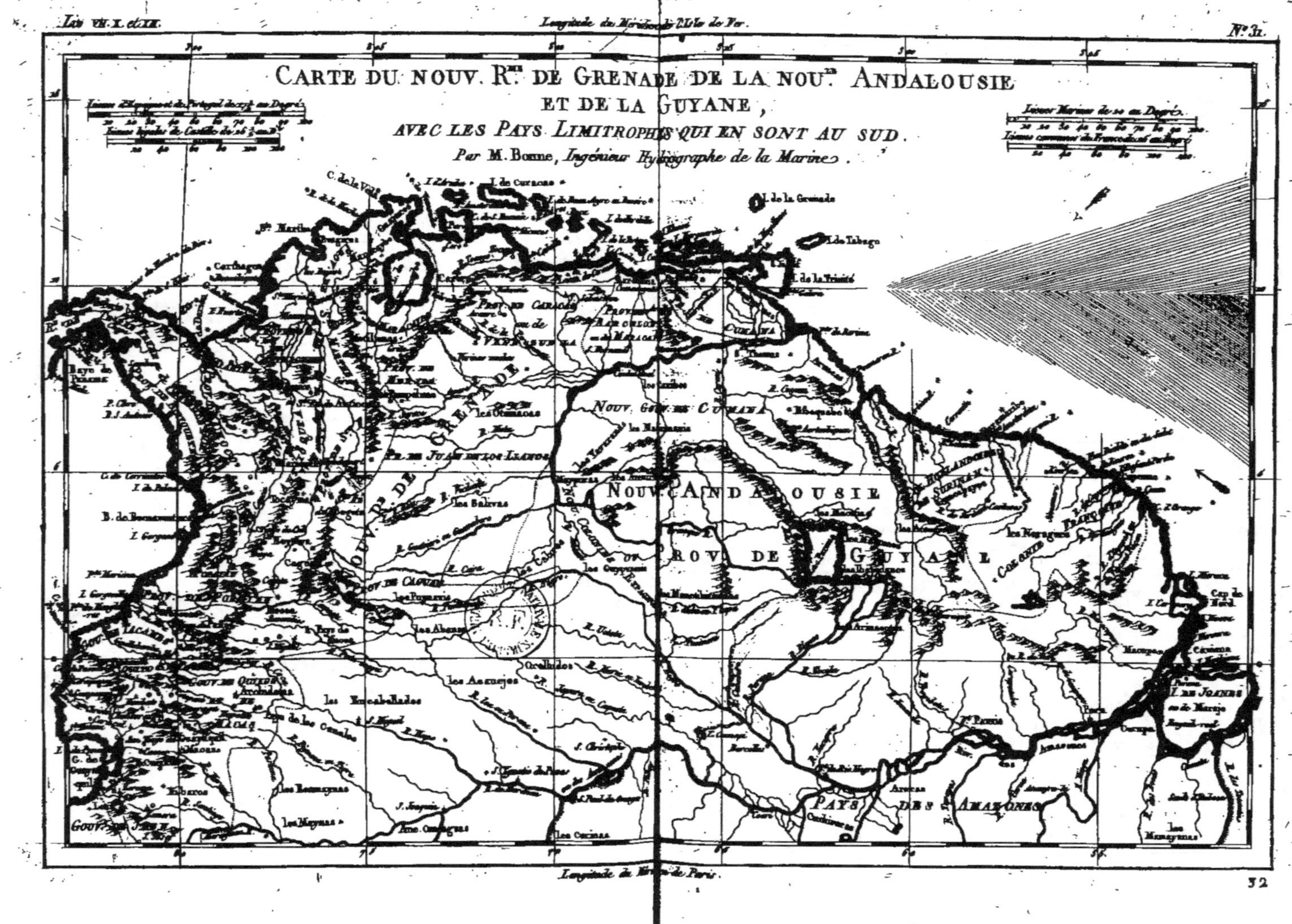
CARTE DU NOUV. R.me DE GRENADE DE LA NOU.lle ANDALOUSIE
ET DE LA GUYANE,
AVEC LES PAYS LIMITROPHES QUI EN SONT AU SUD.
Par M. Bonne, Ingénieur Hydrographe de la Marine.
Lieues d'Espagne et de Portugal de 17½ au Degré.
Lieues légales de Castille de 26½ au D.re
Lieues Marines de 20 au Degré.
Lieues communes de France de 25 au Degré.
C. de la Velle
I. Zebrica
I. de Curaçao
I. de la Grenade
I. de Tabago
St. Martin
I. de la Trinité
Carthagene
Prov. de Caracas
Baye de Panama
CUMANA
P. Chica
Nouv. Gouv. de CUMANA
GOUV. DE GRENADE
les Otomacos
C. de Corrientes
I. de Salvas
NOUV. ANDALOUSIE
les Balivas
SURINAM
B. de Borravan
PROV. DE GUYANE
GOUV. DE CHOCO
les Pumarios
les Abanos
Orelhidos
les Aguejes
GOUV. DE QUITO
les Encabellados
S. Miguel
Gouv. de JAEN
los Omaguas
los Cocinas
los Mayuas
PAYS DES AMAZONES
I. de JOANES
ou de Marajo
Cabo de Nord
Cayenne
les Marayones
Longitude du Mérid. de Paris.

Liv. XII. et XIII.
Longitude du Méridien de l'Isle de Fer.
No. 32.
33
MER DU NORD ou OCÉAN OCCIDENTAL
Terrein Montueux
GUYANE FRANÇOISE
Peu connu
Terrein très Montagneux
Peu connu
GUYANE PORTUGAISE
Maraca ou Isle du Cap Nord
C. d'Orange
C. de Nord
LA GUYANE FRANÇOISE.
AVEC PARTIE
DE LA GUYANE HOLLANDOISE:
suivant les Opérations et les Cartes récentes;
des Ingénieurs-Géographes François.
Par M. Bonne Ingénieur-Hydrographe
de la Marine.
Lieue de Surinam de 27½ au Deg.
Mille de Hollande, de 30 au Degré
Lieue commune de France, de 25 au Degré
Lieue Marine de 20 au Degré
Longitude du Méridien de Paris
Gravé par Dien

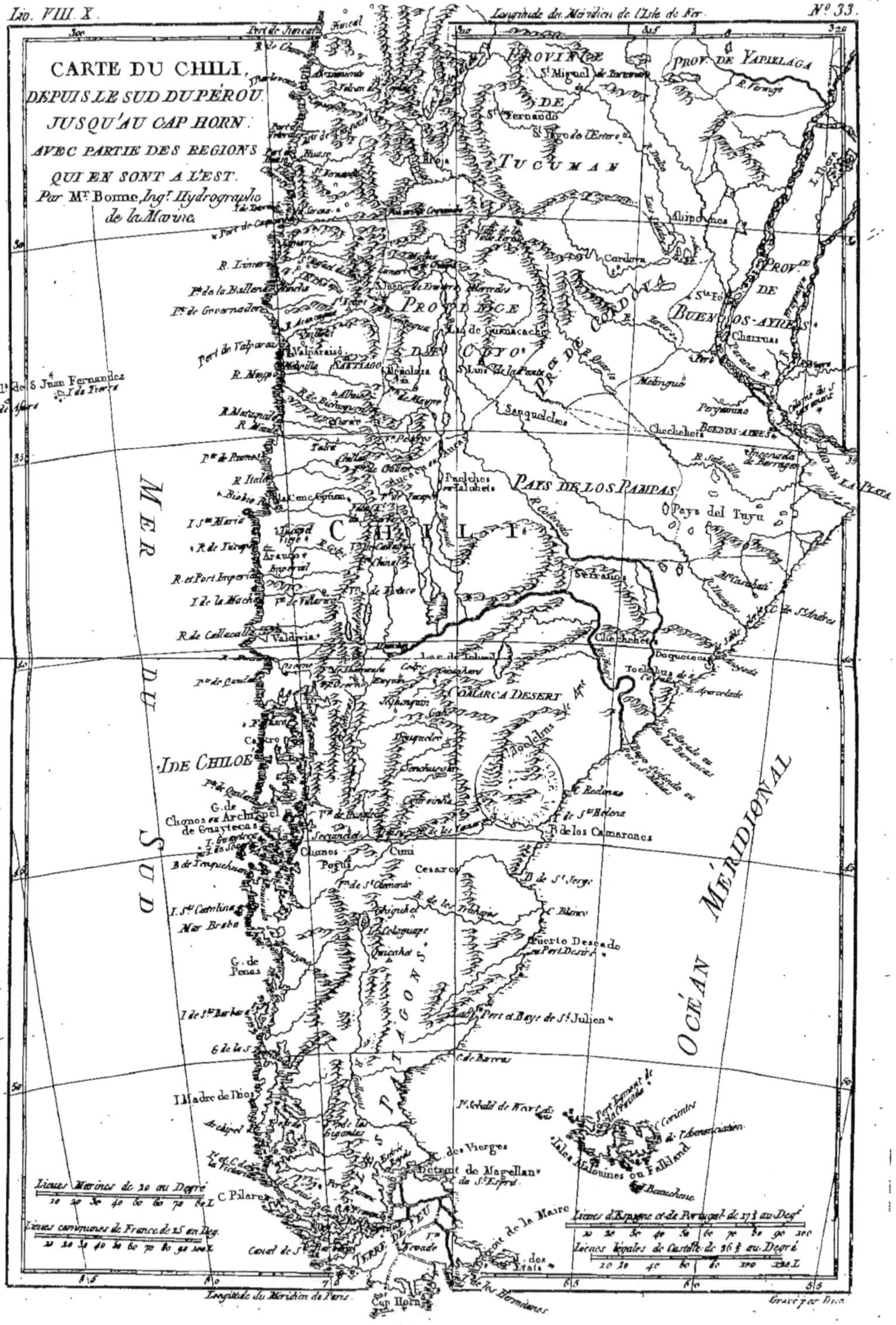

CARTE DU CHILI,
DEPUIS LE SUD DU PÉROU
JUSQU'AU CAP HORN :
AVEC PARTIE DES REGIONS
QUI EN SONT A L'EST.
Par Mr. Bonne, Ingr. Hydrographe
de la Marine.

MER DU SUD

OCÉAN MÉRIDIONAL

PROVINCE DE YAPIZLAGA

PROV. DE BUENOS-AYRES

PROVINCE DE TUCUMAN

PROVINCE DE CORDOVA

PROVINCE DE CUYO

CORDOVA

BUENOS-AYRES

PAYS DE LOS PAMPAS

Pays del Tuyu

CHILI

PATAGONS

SANTIAGO

Valparaiso

Valdivia

I. de Chiloe

G. de Chonos ou Archipel de Guayteca

G. de Penas

COMARCA DESERT

Isles Maluines ou Falkland

Detroit de Magellan

TERRE DE FEU

Cap Horn

I. de S. Juan Fernandez

Port et Baye de St. Julien

Puerto Descado ou Port Desiré

B. de los Camarones

C. Blanco

C. de Vierges

C. Pilares

Lieues Marines de 20 au Degré
10 20 30 40 50 60 70 80 L.

Lieues communes de France de 25 au Deg.
10 20 30 40 50 60 70 80 90 100 L.

Lieues d'Espagne et de Portugal de 17½ au Degré
10 20 30 40 50 60 70 80 90 100

Milles Légales de Castille de 16⅔ au Degré
20 40 60 80 100 120 L.

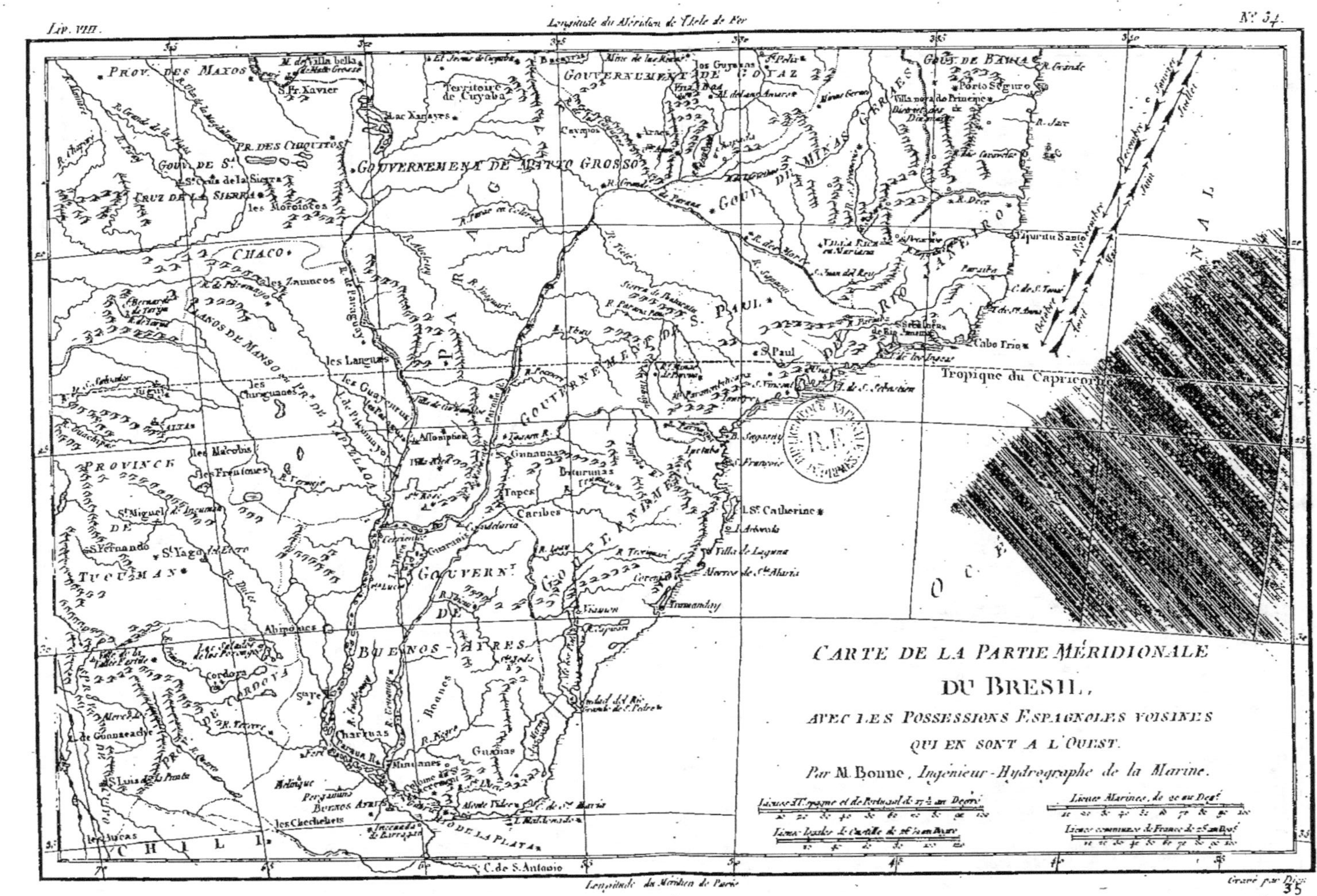

Liv. VIII.
Longitude du Méridien de l'Isle de Fer
N.º 34.
CARTE DE LA PARTIE MÉRIDIONALE
DU BRESIL,
AVEC LES POSSESSIONS ESPAGNOLES VOISINES
QUI EN SONT A L'OUEST.
Par M. Bonne, Ingénieur-Hydrographe de la Marine.
Lieues d'Espagne et de Portugal de 17 ½ au Degré.
Lieues Marines, de 20 au Deg.º
Lieues legales de Castille de 26 ⅔ au Degré.
Lieues communes de France de 25 au Deg.º
Longitude du Méridien de Paris
Gravé par Dien
35

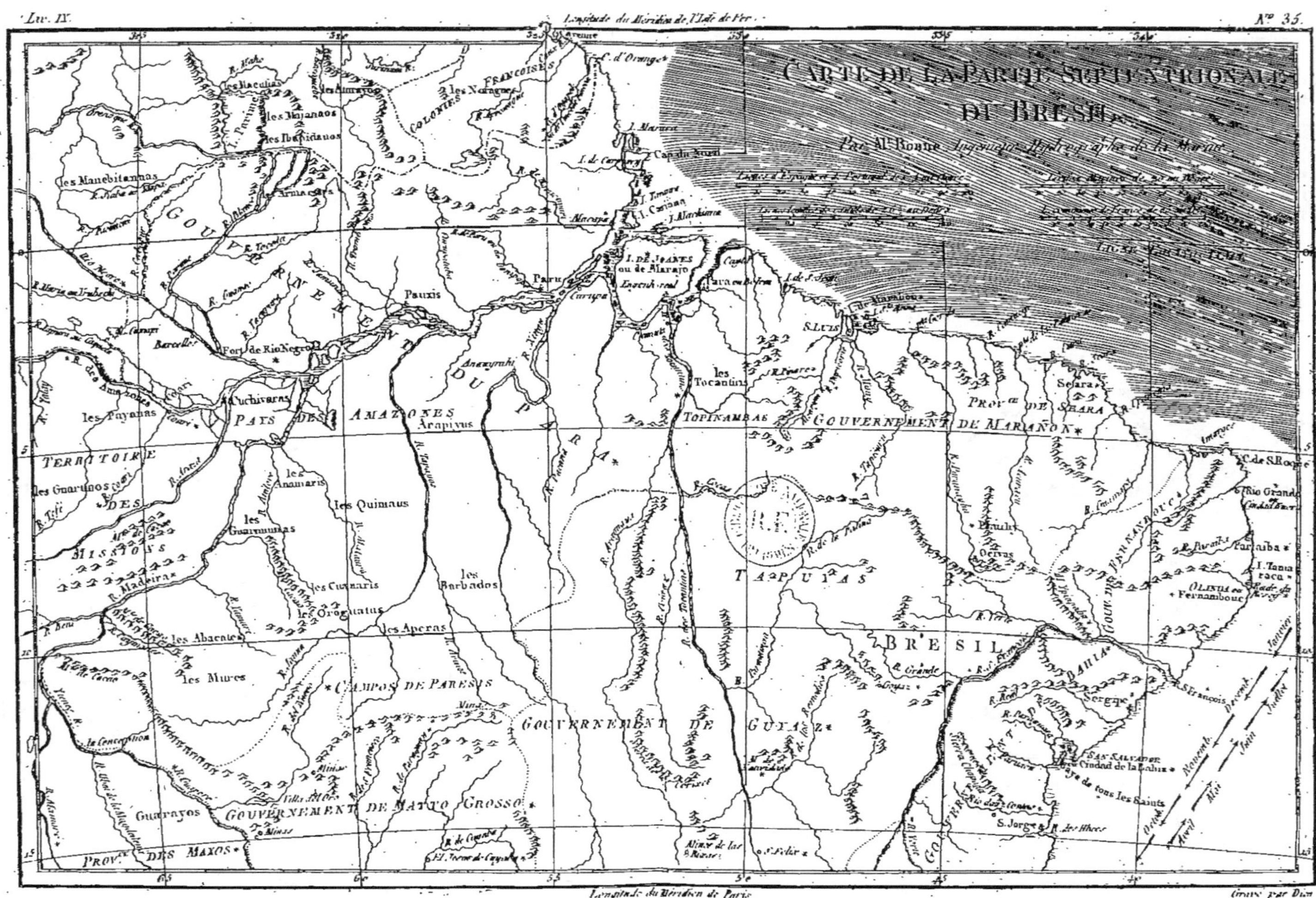
CARTE DE LA PARTIE SEPTENTRIONALE
DU BRÉSIL
Par Mr Bonne Ingénieur Hydrographe de la Marine
C. d'Orange
les Noragnes
COLONIES FRANCOISES
les Macuiras
les Majanaos
les Ibiridanos
les Manebitannas
les Amayas
Armacaris
GOUVERNEMENT
Rio Negro
Barcelli
Fort de Rio Negro
Ouchivaras
les Payanas
PAYS DES AMAZONES
Arapiyus
TERRITOIRE DES MISSIONS
les Guarinos
les Anamaris
les Quimaus
les Guarmunas
les Cuinaris
les Barbados
R. Madeira
les Oroguatus
les Abacatos
les Aperas
les Miures
CAMPOS DE PARESIS
la Conception
GOUVERNEMENT DE GUYAZ
Guarayos
GOUVERNEMENT DE MATTO GROSSO
PROV. DES MAXOS
Macapa
I. de Caviana
Cap du Nord
J. Timour
J. Caviana
J. Marchiana
I. DE JOANES ou de Marajo
Paru
Curupa
Pauxis
DU PARA
Anauyrahi
les Tocantins
TOPINAMBAS
S. Luis
Tr. Maranon
GOUVERNEMENT DE MARANON
Prov. de Siara
Sefara
TAPUIAS
BRESIL
BAHIA
Octivas
Piauhi
I. Tanaraca
OLINDA ou Fernambouc
R. Grande
SAS SALVADOR
Cidad de la Bahia
Baye de tous les Saints
S. Jorge
Sergipe
C. de S. Roque
Rio Grande
Parahiba
GOUV. FERNAMBOUC
Janvier
Février
Mars
Avril
Mai
Juin
Juillet
Decemb.
Novemb.

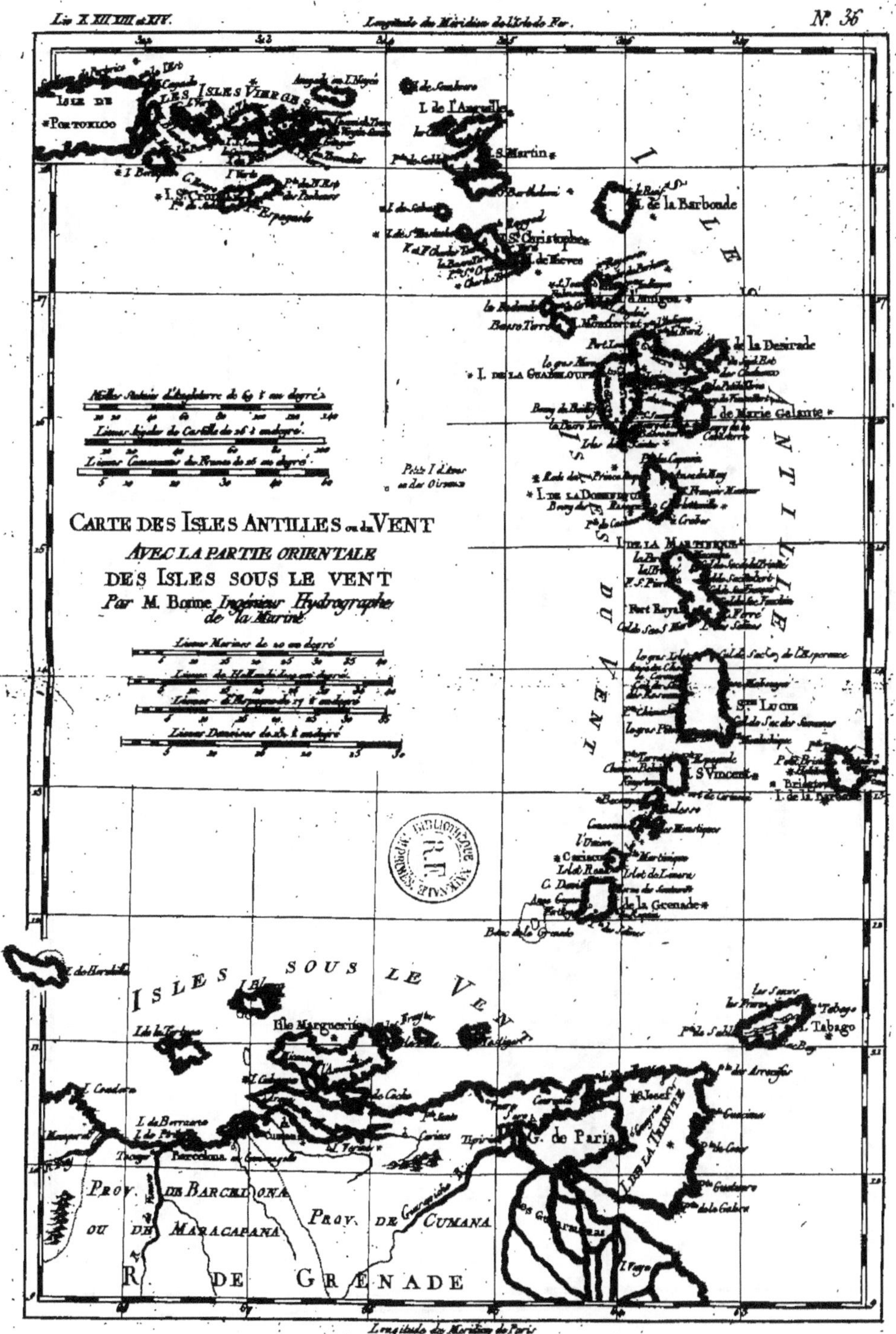
CARTE DES ISLES ANTILLES ou du VENT
AVEC LA PARTIE ORIENTALE
DES ISLES SOUS LE VENT
Par M. Bonne Ingénieur Hydrographe
de la Marine
Lieues Marines de 20 au degré
Isle de Porto-Rico
Les Isles Vierges
Porto-Rico
I. de l'Anguille
S. Martin
S. Barthélemi
I. de la Barboude
S. Christophe
de Neves
Antigoa
Montserrat
Basse Terre
I. de la Guadeloupe
de la Désirade
de Marie Galante
I. de la Dominique
I. de la Martinique
Fort Royal
Ste Lucie
I. S. Vincent
de la Grenade
Isles sous le Vent
I. de la Marguerite
Isles La Trinité
G. de Paria
I. Tabago
Prov. de Barcelona
ou de Maracapana
Prov. de Cumana
R.   DE   GRENADE

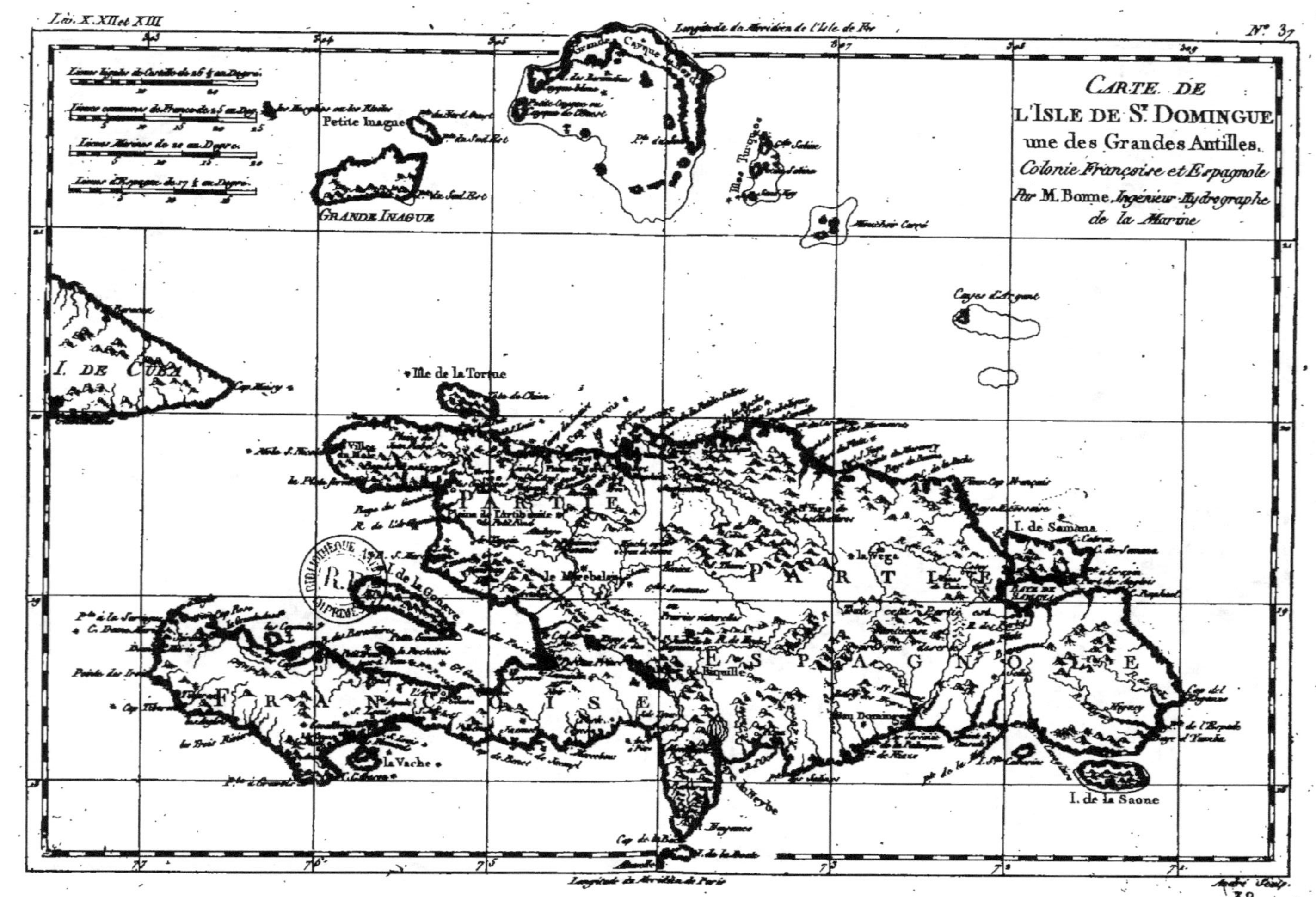

Liv. X. XII et XIII
N.º 37
Longitude du Méridien de l'Isle de Fer
CARTE DE
L'ISLE DE St. DOMINGUE
une des Grandes Antilles.
Colonie Françoise et Espagnole
Par M. Bonne, Ingénieur Hydrographe
de la Marine
Lignes Royale de Castille de 26 ½ au Degré.
Lignes communes de France de 25 au Deg.
Lignes Marines de 20 au Degré.
Lignes d'Espagne de 17 ½ au Degré.
Petite Inague
GRANDE INAGUE
Grande Caÿque du Nord
Mes Turques
Mouchoir Carré
Cayes d'Argent
I. DE CUBA
Cap Maïcy
Isle de la Torue
I. de Samana
PARTIE
PARTIE
ESPAGNOLE
FRANÇOISE
la Vache
I. de la Gonave
I. de la Saone
Cap del Enganno
Longitude du Méridien de Paris
André Sculp.
38

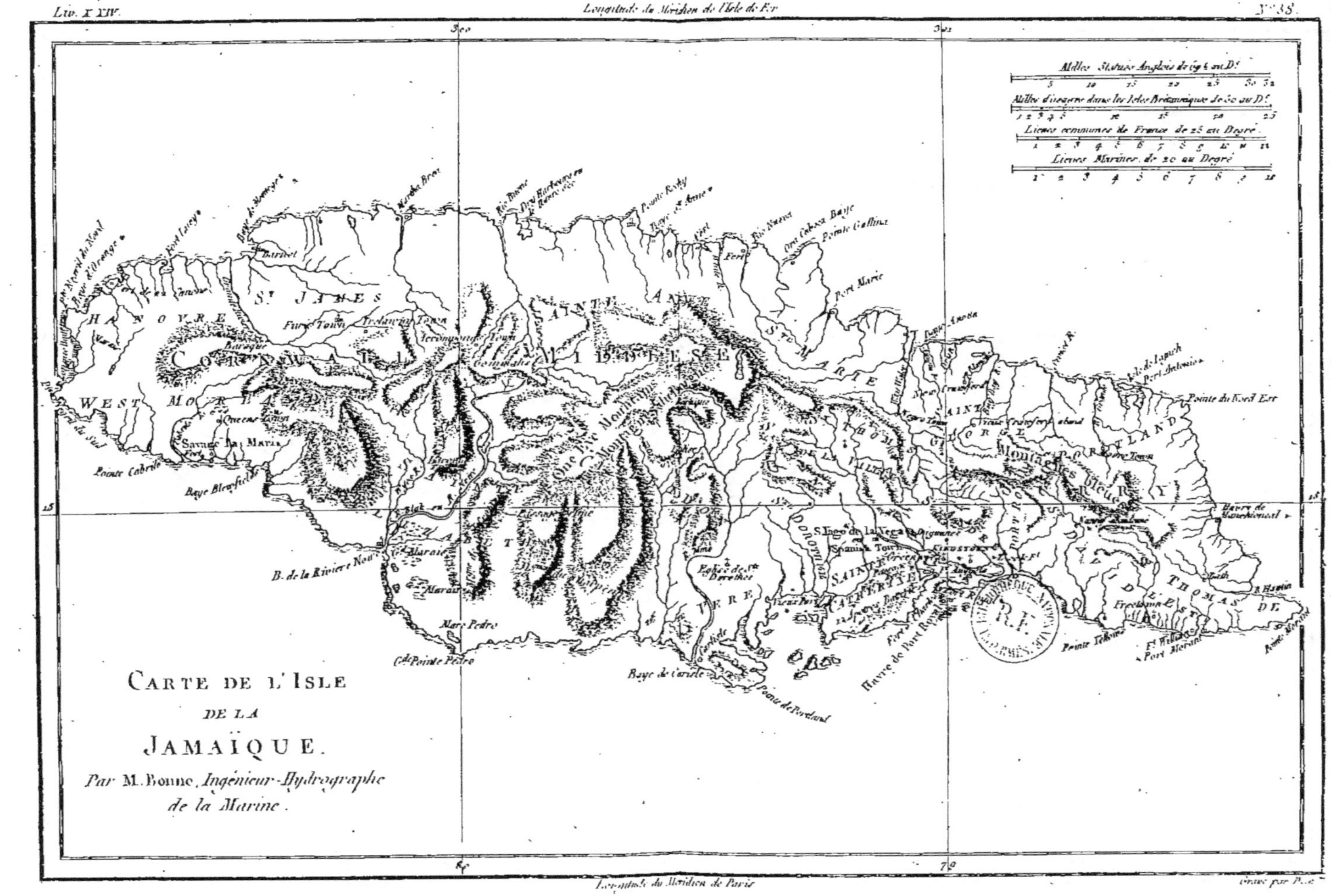
CARTE DE L'ISLE
DE LA
JAMAÏQUE.
Par M. Bonne, Ingénieur-Hydrographe
de la Marine.
Milles Statues Anglais de 69 ½ au D.º
Milles d'usage dans les Isles Britanniques de 60 au D.º
Lieues communes de France de 25 au Degré
Lieues Marines de 20 au Degré
HANOVRE
WEST MORELAND
CORNWALL
ST JAMES
SAINT ANN
STE MARIE
SAINT GEORGE
PORTLAND
MIDDLESEE
CLARENDEN
VERE
SAINT CATHERINE
SAINT THOMAS
SURREY
THOMAS DE L'EST
Montagnes Bleues
One Eye Mountains
Savane la Mar
Pointe Cabrite
Baye Bleusfield
Maraie
Marai
Mare Pedro
Cd. Pointe Pedro
Baye de Carèle
Pointe de Portland
Havre de Port Royal
Port Royal
PORT ROYAL
Fort William
Port Morant
Pointe Tellow
Freeman's
Pointe du Nord Est
Port Antonio
Havre de Matchonéal
Port Marie
Pointe Gallina
Pointe Rocky
Baye et Anne
Rio Bueno
Des Harbours en Bonne vue
Morda Brot
Baye de Mosquet
Port Lacey
Baye d'Orange
Nevril du Nord
Pointe Cabrite
B. de la Rivière et Neuf
Spanish Town
S.tº Iago de la Vega
Kingston
S. Jago de la Vega
Etienne Ville
Roches de St. Dorothée
SAINT DOROTHÉE
R.F.
REPUBLIQUE FRANÇAISE

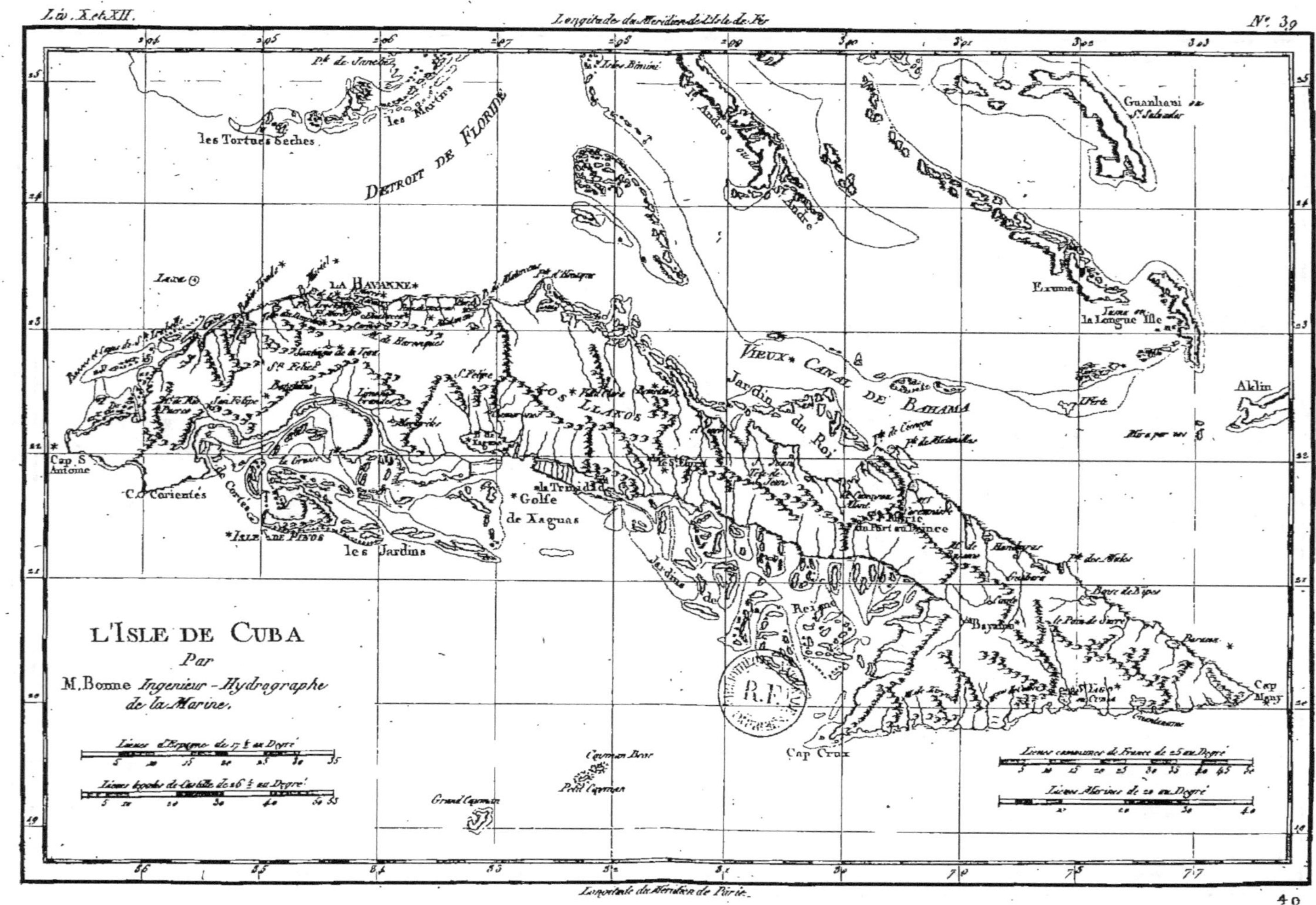

Liv. X. et XII.
Longitude du Meridien de l'Isle de Fer
N.º 39
les Tortues Seches
Pt de Janeiro
les Martirs
DETROIT DE FLORIDE
Isles Bimini
Pt d'Andro ou Andro
Guanhani ou St Salvador
Lune
LA HAVANNE
Matances
Pt d'Henrique
Exuma
Terre ou la Longue Isle
Santiago de la Vega
St Felipe
St Felipe
VIEUX CANAL DE BAHAMA
Jardin du Roi
Aklin
Vert
Pta de Rio
Puerta
San Felipe
LOS LLANOS
Pt de Cienega
Pt de Matanille
Hit a par un S
Cap S Antoine
la Grand
Cortes
St Espiritu
St Jean
C.º Corientes
la Trinidad
Golfe de Xaguas
Pt du Port au Prince
Isle Hondures
Pt des Melo
*Isle de Pinos
les Jardins
Jardins de
Bayamo
le Pain de Surry
Banque de Xipos
Ravenne
R.F.
Rei
Cap Mony
L'ISLE DE CUBA
Par
M. Bonne Ingenieur-Hydrographe
de la Marine.
Cap Crux
Guantanamo
Lieues d'Espagne de 17 ½ au Degré
Lieues legales de Castille de 26 ½ au Degré
Cayman Bras
Petit Cayman
Grand Cayman
Lieues communes de France de 25 au Degré
Lieues Marines de 20 au Degré
Longitude du Meridien de Paris.
40

LES ISLES DE LA GUADELOUPE,
DE MARIE GALANTE, DE LA DESIRADE,
ET CELLES DES SAINTES:
Colonie Françoise dans les Antilles.
Par M. Bonne, Ingénieur-Hydrographe
de la Marine.
316
LA DESIRADE
Pte du Nord
Pte du Sud
Ance Bertrand
Pte du Nord
Pte d'Antigue
Quartier de l'Ance Bertrand
Par. du Port Louis
Gd du Port Louis
Il Detroit
Ance à Maurie
le Gros Cap
N. Ouest
Port du Moule
Par. du Moule
la Porte d'Enfer
Quartier du Moule
I. de la Couroune
C. St Jean
R. et R. de St Marie
I. à la Goude
Quartier S. François
Pte du Tartare
Paroisse S. François
Pte des Chateaux
Ance Champagne
Quartier Ste Anne
Ste Anne
Pte à Caret
Ilet à Caret
le Tapu
Pte du Grand
Ilet St Nicolas
Par. du Mancenilier
Pte à Marcou
Quartier des Grandes et Petites Abisanes
Paroisse le Gosier
Quartier du Golfet
Quartier Ste Anne
Pte à Cas
les deux Diamans
GRANDE TERRE
Petite Terre
Pte Marguerite
I. Blanche
la Comnaudy
Pte du Vieux Fort
Petit Abanu
Cul de Sac
Pte du Grand
Cul de Sac
Par. du Mahaut
Quartier de la Riviere Alabant
les Abimes
Pointe à Pitre
Bourg PETIT
Base
CUL DE SAC
la Verdure
BASSE TERRE
Le Gros Morne
Paroisse des Hayes
du Petit Cul de Sac à Pigeon
Cul de Sac
Quartier des Trois Rivieres
Par. de la Pointe Noire
Quartier de la Pointe Noire
Petite Goyave
R. F.
Fort St Maurice
Anse Ferry
Pte du Caillou
de la Pte Noire
Pte Malendure
Islet à Goyave
Par. de la Bouillante
Qr de la Bouillante
Pte à la Duche
Quartier des Vieux Habitans
Par. des Vieux Habitans
Qr du Baillif
Fort de la Madeleine
Par. et Qr du Baillif
Pte des Irois
R. et Isle Terre
la Basse Terre
R. du Caillou
Pte à l'Ananas
Par. de la Cabes Terre
Pte St Sauveur
C.D. des Trois Rivieres
Qr de la Gde Ance
Vieux Fort
Pte du Vieux Fort
Pie du Vieux Fort
ISLES DES SAINTES
Terre d'Enhaut
Rade
Vaisseau pour les Vaisseaux
Terre d'Enbas
Islet percé
ISLE DE MARIE GALANTE
Ste Anne
I. aux Frégates
C. du Nord
de la Chaloupe
Pte du Mât
C Enragé ou C. du Diable
Pte de Sable
Pte du Ponpierre
Pte des Ajoupa
Bourg et Par. de la Ballet...
Pte des Coyes du Sud
de la Côte de Fir
Pte du Fort
Pte des Coyes de l'Ouest
Lieues communes de France de 25 au D.º
Lieues Marines de 20 au Degré

CARTE
DE L'ISLE DE LA MARTINIQUE,
Colonie Françoise dans les Isles Antilles.
Par M. Bonne, Ingénieur-Hydrographe
de la Marine.
CUL DE SAC DE LA TRINITE
I. de Caravelle
Bourg et Paroisse de la Trinité
Cul de sac du Galion
Gros Morne
Bourg du Robert
Cul de Sac Robert
Ville du Ft. Royal
Fort Royal
CUL DE SAC ROYAL
Bourg du Lamentin
Bourg de Trou du Chat
Bourg de la Riviere Salée
Anse Noire
Petite Anse d'Arlet
Gde. Anse d'Arlet
Petite Anse du Diamant
Bourg du Diamant
Pte. du Diamant
I. du Diamant
St. Pierre
Fort St. Pierre
Rade du Fort
ECHELLE
Petites Lieues de France de 28 ½ au Degré.
1   2   3   4
Lieues communes de France de 25 au Degré.
1   2   3   4
Lieues Marines de 20 au Degré.
1   2   3   4

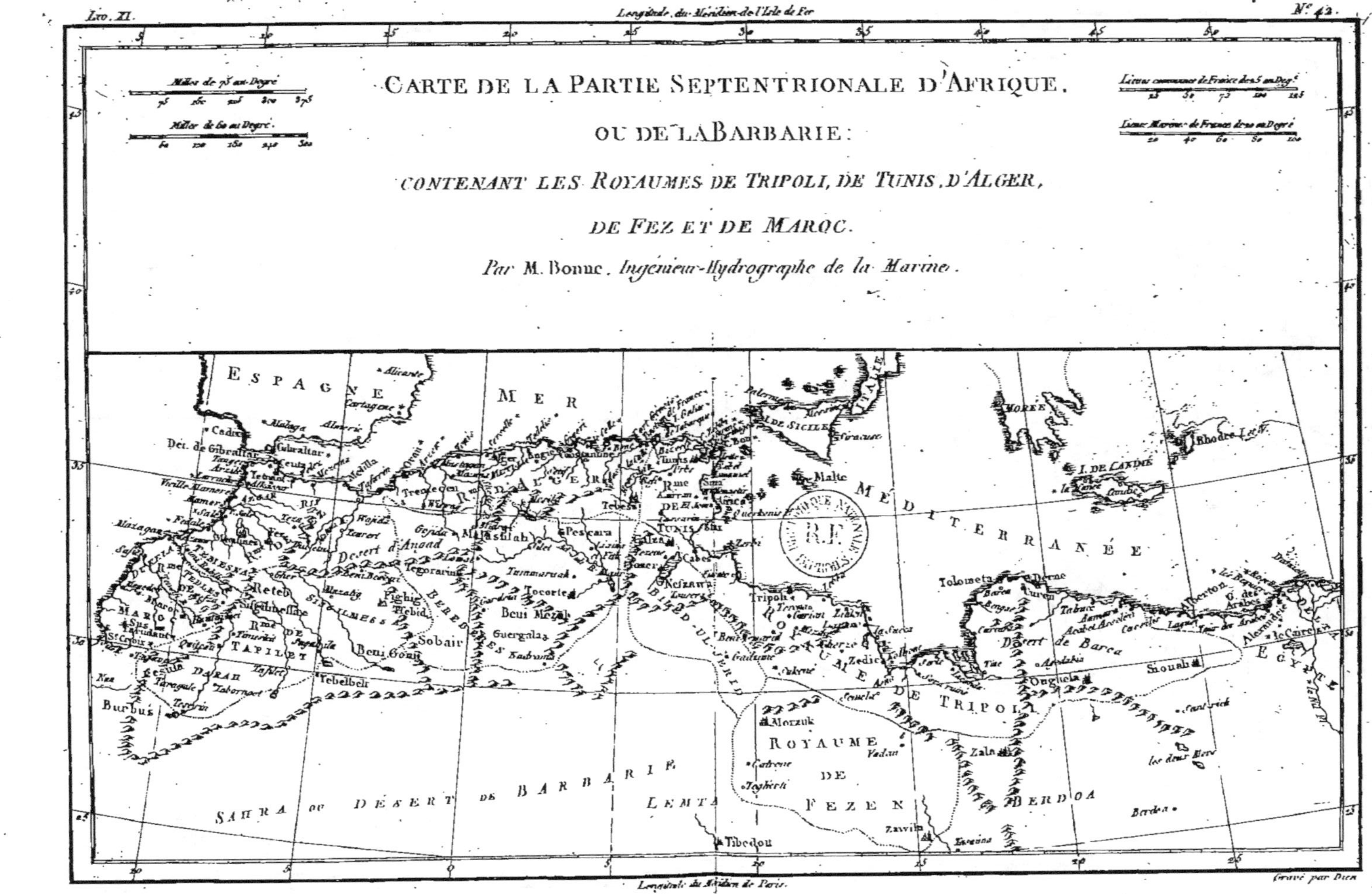
Longitude du Méridien de l'Isle de Fer
N.º 42.

CARTE DE LA PARTIE SEPTENTRIONALE D'AFRIQUE.
OU DE LA BARBARIE:
CONTENANT LES ROYAUMES DE TRIPOLI, DE TUNIS, D'ALGER,
DE FEZ ET DE MAROC.
Par M. Bonne, Ingénieur-Hydrographe de la Marine.

Milles de 75 au Degré
Milles de 60 au Degré
Lieues communes de France des 5 au Deg.re
Lieues Marines de France de 20 au Degré

ESPAGNE
Alicante
Cadix
Malaga Almeria
Cartagene
Det. de Gibraltar Gibraltar
MER
MER
I. DE SICILE
ITALIE
MORÉE
Syracuse
Malte
MÉDITERRANÉE
Rhode I. de N.
I. DE CANDIE
ALGER
TUNIS
Desert d'Anaad
Tafilet
Tremecen
Pescara
Tlemcen
Beni Mezab
Biled-ul-Jerid
Tolometa Derne
Desert de Barca
Snouah
ÉGYPTE
Alexandrie
TAPILET
Sobair
Guergala
Es Sadrana
Morzuk
ROYAUME DE FEZEN
Vadan
Zala
BERDOA
Berdea
les deux Herr
Burbus
Tebelbel
ROYAUME DE TRIPOLI
SAHRA ou DÉSERT DE BARBARIE
LEMTA
Tibedou
Zavila
Longitude du Méridien de Paris.
Gravé par Dien

Liv. XI.
Longitude du Méridien de l'Isle de Fer.
N.º 43.
44

PARTIE OCCIDENTALE
DE L'ANCIEN CONTINENT,
DEPUIS LISBONNE JUSQU'À LA RIVIERE
DE SIERRA LEONA.
Avec l'Isle Madere, les Isles Canaries, et
celles du C. Verd.
Par M. Bonne, Ingénieur Hydrographe de la Marine.

ESPAGNE
PORTUGAL
LISBONNE
C. S. Vincent
Grenade
Malaga
Cadix
Gibraltar
Dét. de Gibraltar
Ceuta
Tanger
Tetuan
Mequinez
l'Arrache
Velez
Mezoua
I. Fedal
Mazagan
C. Cantin
Safie
R.me
DE MAROC
Mogador
Teza
SISGILMESSA
Sisgilmessa
Maroc
Su et Taradant
C. de Ger
St. Cruz
DE MAROC
R.me DE
TAFILET
Tegmoret
Tinzulin
I. Madere
Porto Santo
Funchal
I. Desertes
ISLES CANARIES
C. d'Agadez
I. de Palme
I. de Tenerife
Lancerote
C. de Koz
I. Gomere
I. Fedi
R.me
I. de Fer
I. des Palmes
Fortaventure
DE ZUZ
C. Canaries
Porto Cansado
Tesan
ZUENZIGA
les Solmugs
C. Bojador
ZANHAGA
R.me D'AZAN
SAHRA ou DÉSERT DE BARBARIE
Tropique du Cancer
Teguza
R.d'Ouro
Gaaden
R.me DE HAGY
C. Blanc
I. d'Arguin
Portendic
FOULES OU DE SIRATIK
R.me DES
Gounel
Rouge
I. S. Antoine
S.t Lucie
I. S. Nicolas
I. de Sel
Bonavista
PAYS
GALAM
I. du Cap Verd
S.t Louis
Agnam
I. S. Yago
I. de May
DES YOLOFS
Case du Roi de Casson
FOULES DE CASSON R.me
SIS SALUM
Kaiör
Badibon
Kassan
Cachao
Geba
Birba
Selico
DIAFAR
Souge
R.me DE MANDINGA
Bena
Lieues de Portugal de 17 1/2 au Degré.
Lieues communes de France de 25 au Degré.
Lieues Marines de 20 au Degré.
Longitude du Méridien de Paris.
Gravé par Pien.

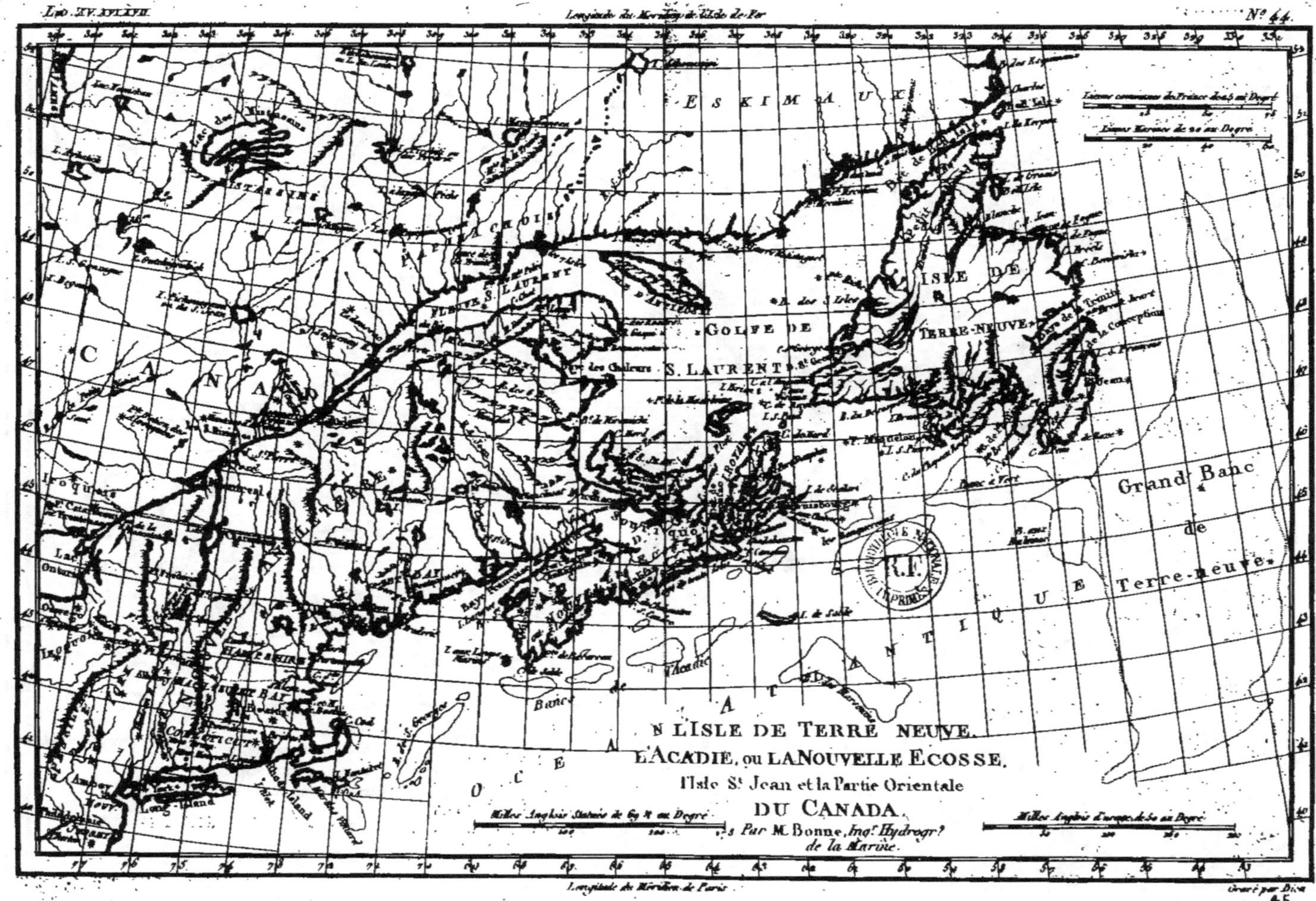

Liv. XV. XVLXVII
Longitude du Meridien de l'Isle de Fer
Nº 44.
ESKIMAUX
CANADA
FLEUVE S. LAURENT
GOLFE DE
S. LAURENT
ISLE DE
TERRE-NEUVE
Iroquois
Grand Banc
de
ATLANTIQUE Terre-neuve
OCEAN
A
N L'ISLE DE TERRE NEUVE.
L'ACADIE, ou LA NOUVELLE ECOSSE.
l'Isle St Jean et la Partie Orientale
DU CANADA.
Par M. Bonne, Ingr Hydrogr
de la Marine.
Milles Anglois Statuts de 69 ½ au Degré
Milles Anglois d'usage de 60 au Degré
Lieues communes de France de 25 au Degré
Lieues Marines de 20 au Degré
Longitude du Méridien de Paris
Gravé par Dien
45

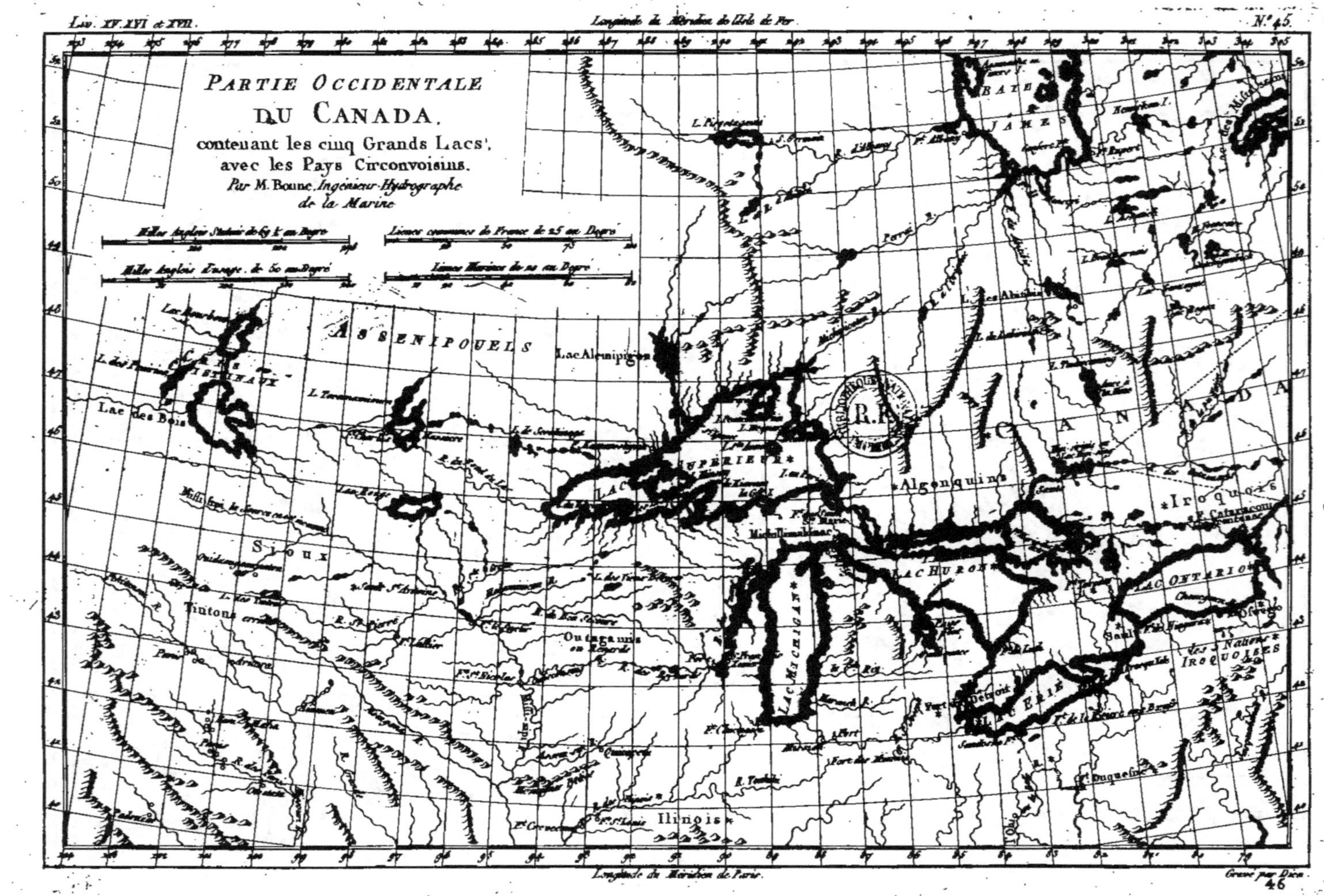
PARTIE OCCIDENTALE
DU CANADA,
contenant les cinq Grands Lacs,
avec les Pays Circonvoisins.
Par M. Bonne, Ingénieur-Hydrographe
de la Marine

Milles Anglois Statuts de 69½ au Degré
Lieues communes de France de 25 au Degré
Milles Anglois d'usage de 60 au Degré
Lieues Marines de 20 au Degré

ASSENIPOUELS
Lac Alemipigon
Lac des Bois
CRISTINAUX
Lac des Bois
Sioux
Tintons
Outagamis ou Renards
Ilinois
LAC SUPÉRIEUR
Michilimakinac
Ste Marie
Algonquins
LAC MICHIGAN
LAC HURON
LAC ONTARIO
Oswego
LAC ERIE
Détroit
Iroquois
les Nations Iroquoises
BAIE DE JAMES
L'ALBANY

ILLINOIS.
LOUISIANE.
CHICACHAS
FLORIDE
GEORGIE
MERIDIONALE
SEPTENTRIONALE
CARTE
DE LA LOUISIANE,
ET DE LA FLORIDE.
Par M. Bonne, Ingénieur-Hydrographe
de la Marine.
SUPLÉMENT.
Milles Sixains Anglois de 69 ½ au Degré
Milles Anglois d'usage, de 60 au Degré
Lieues légales de Castille de 26 ½ au Degré
Lieues communes de France de 25 au Degré
Lieues Marines de 20 au Degré
Lieues d'Espagne de 17 ½ au Degré
Detroit de la Floride
Tropique du Cancer

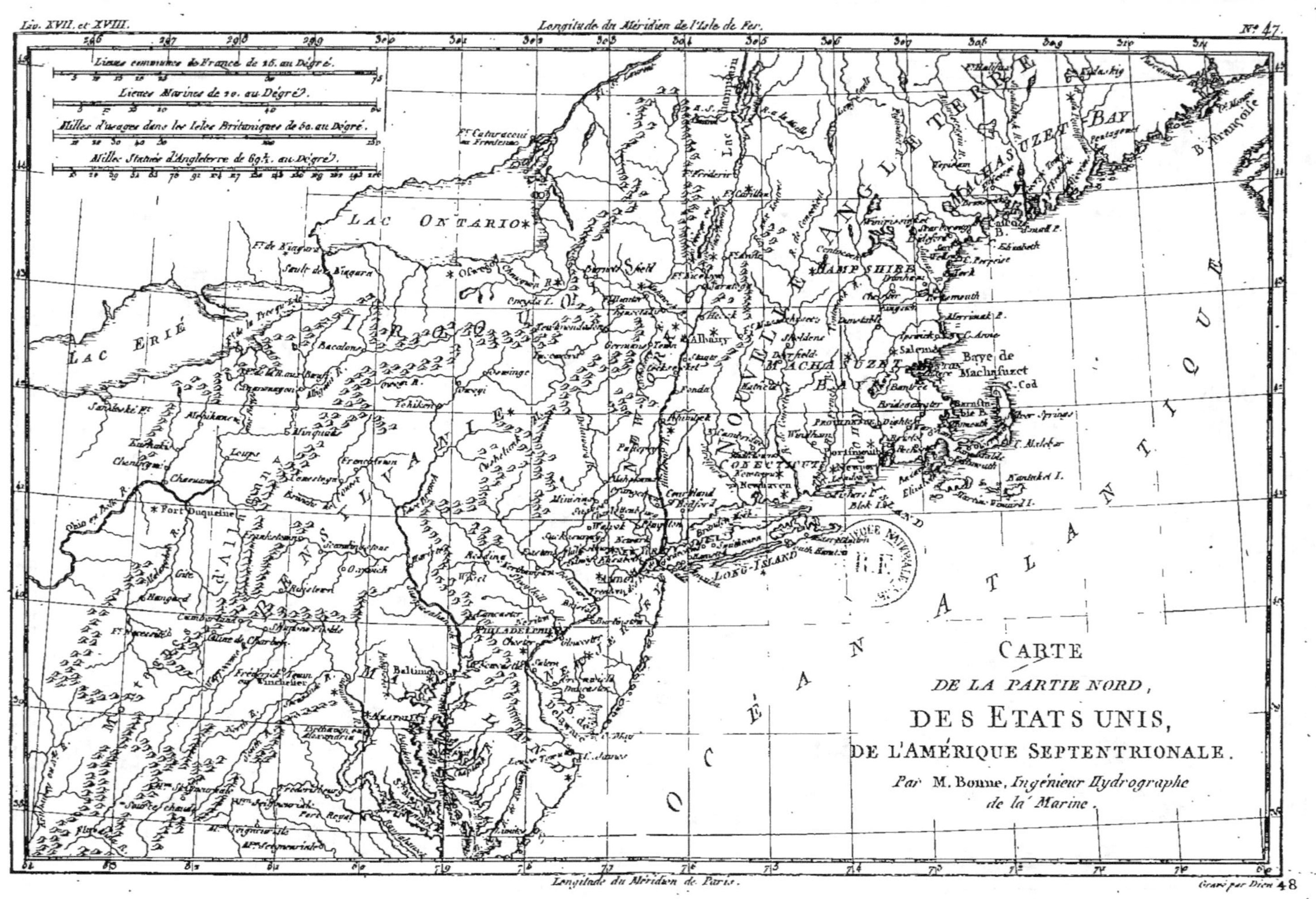
CARTE
DE LA PARTIE NORD,
DES ÉTATS UNIS,
DE L'AMÉRIQUE SEPTENTRIONALE.
Par M. Bonne, Ingénieur Hydrographe
de la Marine.
LAC ÉRIÉ
LAC ONTARIO
OCÉAN ATLANTIQUE
NOUVELLE ANGLETERRE
Lac Champlain
MASSACHUSETS BAY
C. Cod
B. Française
Lignes romaines de 61 au 1/2 au Degré.
Lieues Marines de 20. au Degré O.
Milles d'usages dans les Isles Britanniques de 60 au Degré.
Milles Statuaire d'Angleterre de 69 1/2 au Degré.
Longitude du Méridien de Paris.
Gravé par Dien 48

Longitude du Méridien de l'Isle de Fer

Longitude du Méridien de Paris

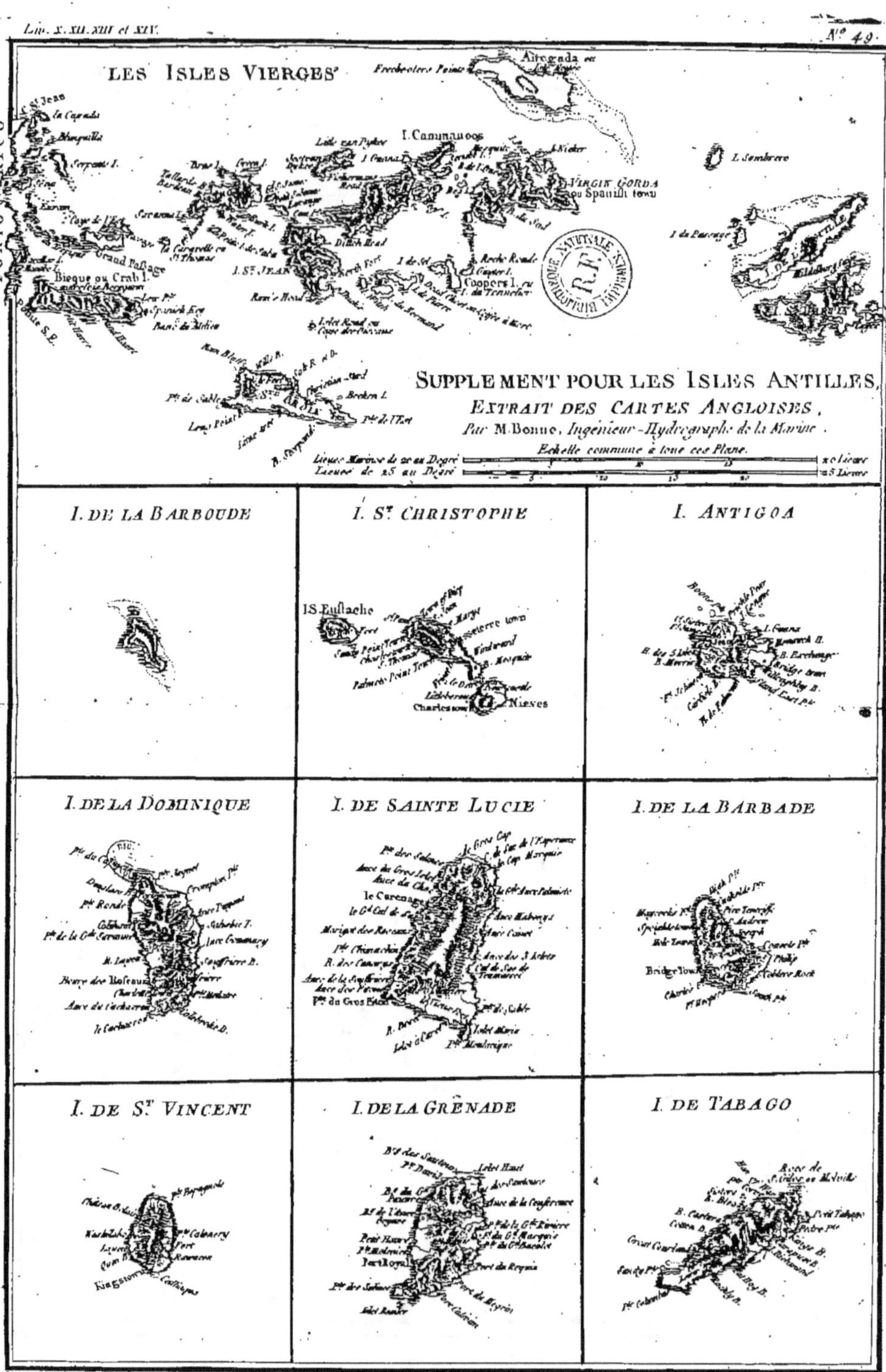

Liv. X. XII. XIII et XIV.
N.o 49
50
LES ISLES VIERGES
PORTO RICO
Anegada
Freebooters Point
I. Sombrero
VIRGIN GORDA ou Spanish town
I. Camanaos
I. St. JEAN
SUPPLEMENT POUR LES ISLES ANTILLES,
EXTRAIT DES CARTES ANGLOISES,
Par M. Bonne, Ingénieur-Hydrographe de la Marine.
Echelle commune à tous ces Plans.
Lieues Marines de 20 au Degré
Lieues de 25 au Degré
I. DE LA BARBOUDE
I. St. CHRISTOPHE
I. ANTIGOA
I.S. Eustache
Nieves
Charlestown
I. DE LA DOMINIQUE
I. DE SAINTE LUCIE
I. DE LA BARBADE
Bridge town
I. DE St. VINCENT
I. DE LA GRENADE
I. DE TABAGO
Kingston
Gravé par Dieu